贾诩

算无遗策的三国第一"毒士"

詹洪陶 著

辽宁人民出版社

© 詹洪陶 2025

图书在版编目（CIP）数据

贾诩：算无遗策的三国第一"毒士" / 詹洪陶著．
沈阳：辽宁人民出版社，2025.5.（2025.8 重印）
ISBN 978-7-205-11496-1

Ⅰ．K825.2

中国国家版本馆 CIP 数据核字第 2025NE6686 号

| 出版发行：辽宁人民出版社 |
| 地　　址：沈阳市和平区十一纬路 25 号　邮编：110003 |
| 电　　话：024-23284191（发行部）　024-23284304（办公室） |
| http://www.lnpph.com.cn |

印　　刷：固安县云鼎印刷有限公司
幅面尺寸：145mm×210mm
印　　张：7
字　　数：110 千字
出版时间：2025 年 5 月第 1 版
印刷时间：2025 年 8 月第 2 次印刷
责任编辑：赵维宁　姚　远
封面设计：乐　翁
版式设计：一诺设计
责任校对：吴艳杰
书　　号：ISBN 978-7-205-11496-1
定　　价：39.80 元

序 言

在历史的长河中，总有一些人物以其独特的智慧和谋略成为后世传颂的佳话。而在三国这一英雄辈出的时代，贾诩无疑是其中一位极具传奇色彩的人物。他被誉为三国"最毒"谋士，一言一行皆能掀起滔天巨浪，能以一己之力改变历史的走向。2024年网络上那个关于贾诩与曹操的段子，虽带几分戏谑，却也直截了当地点明了贾诩谋略的"毒"性。那么，这位"毒士"究竟有何过人之处，又如何在乱世中全身而退呢？

贾诩的智谋，首先体现在他那句改变历史走向的话语上。当董卓被诛，王允满以为天下将定，世家大族和百姓可以松一口气时，贾诩却站了出来，提出了一个令人震惊的建议。他劝说李傕、郭汜等人不要散摊子逃跑，而是率军西进，攻打长安，为董卓报仇。这一计策看似疯狂，实则经过深思熟虑。贾诩深知，凉州人在长安的处境岌岌可危，王允的诛董之举已经激起了凉州人的愤怒和恐惧。如果李傕等人单独逃跑，必将被各地的亭长等小官擒获。而如果他们集结军队，攻打长安，则有可能改写历史。

贾诩不仅提出了这个大胆的计划，还假托王允的口吻撰写了一份诏书，声称要将凉州之人尽数杀死。这份诏书的言辞之激烈、手段之毒辣，令人咋舌。然而，正是这份诏书，让原本心存疑虑的张济、樊稠等人也加入了反叛的行列。他们决定伙同李傕、郭汜等人一起杀进长安。最终，贾诩与李傕、郭汜等人成功夺取了长安的政权，这一事件被后世称为"文和乱武"。

贾诩的这一计策，"毒"在他利用凉州人的恐惧和愤怒，挑起了长安的战乱，使得原本已经平定的天下再次陷入混乱。长安城随后变为死城，朝廷格局变成了李傕、郭汜、樊稠三人共同把持朝政。西凉诸将的"治国无方，扰民有术"比董卓时代还要有过之而无不及，军粮补给基本靠抢，大量关中百姓或被杀或逃跑。大汉两京就这样被这伙西北军阀玩残了。贾诩也因此获得了"毒士"的称号。

贾诩在成为张绣的谋士后，更是智计频出，让我们领略到三

序　言

国谋士的谋略。张绣用贾诩之计两次打败曹操，使得曹操损失惨重，典韦失去了生命，曹丕失去了兄长，曹操失去了老婆、儿子和好部下。可以说，贾诩的智谋让曹操尝到了前所未有的败绩。

在官渡之战前夕，当张绣骑墙观望，不知道该投降曹操还是袁绍时，又是贾诩建议张绣投降曹操。这一建议看似冒险，实则经过深思熟虑。贾诩深知曹操雄才大略，袁绍优柔寡断，他判断曹操必将战胜袁绍，统一北方。因此，他建议张绣投降曹操，以保全自身。果然，张绣投奔曹操后，曹操乐呵呵地相迎，张绣也因此得以保全性命和地位。

在官渡之战中，贾诩更是劝曹操全力和袁绍对战，不要有所保留。曹操听从了贾诩的建议，最终大胜袁绍，平定了北方。然而，在赤壁之战前，贾诩却劝说曹操不要南下，要休养生息。可惜曹操没有听从这一建议，结果在赤壁大败，损失惨重。再次印证了那句"听他的都胜了，不听他的都输了"。

在征讨马超、韩遂的过程中，贾诩再次展现了自己的智谋。他上演了一个教科书级的离间计，成功离间了马超和韩遂，使得曹操得以平定韩遂和马超的叛乱。这一计策不仅体现了贾诩的智谋和胆识，也再次证明了他在三国时代的重要地位。

曹操其实并没有怎么重用过贾诩,但也必须将贾诩留在身边,以免他投奔他人,到时候遭罪的就是自己。贾诩不贪财、不好色,他用自己的智慧和谋略,在乱世中保全了自身和家人的性命;他也用自己的行动,证明了什么是真正的能人。在乱世之中,他能够全身而退,这本身就是一种极大的智慧和成就。贾诩,这位三国"最毒"谋士,将永远在历史的长河中留下自己的传奇和佳话。

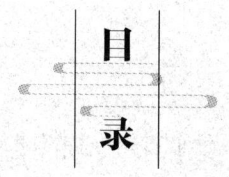

序　言 / 001

第一章　凉州少年 / 001

第二章　效力董家军 / 013

一、不会打仗的谋士不是好谋士 / 016

二、董家军群魔乱舞 / 021

三、"反攻长安"，喜提"毒士"之称 / 026

四、护佑汉室 / 034

第三章　归附张绣　智计频出 / 039

一、北地枪王 / 042

二、干翻曹操 / 048

三、败兵取胜之计 / 066

四、劝张归曹之计 / 070

第四章　归附曹操 / 079

一、第一份大礼 / 080

二、决胜官渡 / 084

三、一不做，二不休 / 089

四、机遇来了 / 099

五、明哲保身 / 112

第五章　听他的都赢了，不听他的都输了 / 121

一、孙刘结盟 / 123

二、大战之前 / 126

三、赤壁之战 / 137

四、不听他的都输了 / 150

第六章　教科书级的离间计 / 157

一、韩遂与马超 / 158

二、离间计 / 165

第七章　暗助曹丕 / 175

第八章　算无遗策　经达权变 / 195
一、三国里最聪明的人 / 196
二、叛服无常还是择木而栖 / 202

附　录：贾诩年表 / 208
参考书目 / 210
后　记 / 211

第一章
凉州少年

贾诩——算无遗策的三国第一"毒士"

> 诸君若弃军单行,则一亭长能缚君矣。不若诱集陕人并本部军马,杀入长安,与董卓报仇。事济,奉朝廷以正天下。若不胜,走亦未迟。
>
> ——《三国演义》第九回

王允、吕布、貂蝉费尽九牛二虎之力,终于将那权倾一时的董卓铲除,消息传开,无论是世族大家还是黎民百姓,都长长地吁了一口气,仿佛萦绕心头已久的噩梦终于烟消云散。董卓的嫡系势力土崩瓦解,众人皆以为天下将迎来久违的安宁。

董家军的残余势力如惊弓之鸟,聚在一起商议着:"咱们还是散摊子跑吧,这乱世之中,保命要紧。"就在这群人心神不宁,准备作鸟兽散之际,有一个人站了出来,说了句"不可"。

他说道:"各位如果弃军单行,恐怕一个小小的亭长就能将你们擒获。与其如此,不如我们率军西进,攻打长安,为董卓报

第一章　凉州少年

仇。事情若成功了，我们便奉国家以正天下；即便不成功，再回老家也不迟。"

李傕、郭汜一听，觉得此言极是，眼中闪过一丝决绝。他们立刻召集兄弟们，决定再搏一把，为了生存，也为了那渺茫的希望。

这个人并未止步于此，他深知要激起更多人的反叛之心，还需一剂猛药。于是，他假托王允的口吻，撰写了一份诏书。那诏书中的言辞激烈至极，声称要将凉州之人，不分老幼、不论兵民，尽数杀死。其手段之毒辣，令人咋舌，也让人心生恐惧。

正是这份诏书，像一股狂风，吹散了张济、樊稠等人心中的疑虑。他们原本还在犹豫不决，但此刻毅然决定加入反叛的行列。他们伙同李傕、郭汜等人，誓要杀进长安，为自己争取一条生路。

李傕等人一路向长安进发，沿途不断招收那些逃跑过来的西凉士兵。当他们到达长安时，队伍已经壮大到十多万人。贾诩与李傕、郭汜打出为董公复仇的旗号，如同一股汹涌的洪流，势不可当地杀回长安，最终夺取了政权。

这个计策不错啊！可是结果怎么样呢？

董卓的崛起，曾如一颗流星划过东汉的天空，短暂而耀眼，却改变了时局的走向。他夺权成功，挟天子以令诸侯，使得天下混战的局面提前爆发。这是董卓的罪过之源，也是乱世之始。

李傕等人夺取了政权，则如同在乱世的火堆上浇了一桶油，让火焰燃烧得更加猛烈。李傕等人纵兵劫掠，长安城随后变为一座死城。复仇成功后，朝廷的格局变成了李傕、郭汜、樊稠三人共同把持朝政。西凉诸将"治国无方，扰民有术"的特点，在董卓时代的基础上更加放大。军粮补给基本靠抢，大量关中百姓或被杀或逃跑。曾经繁华的关中大地，没有多久便变成了"千里无鸡鸣"的荒芜之地。大汉的两京，就这样被这伙西北军阀玩得千疮百孔，令人扼腕叹息。

所以说"不能逃！"这句话开启了三国乱世。

这话是谁说的？

答案是贾诩。

贾诩，字文和，其出生地为凉州武威郡姑臧县，即今日的甘肃省武威市凉州区。他历汉、魏两朝，留下了众多传奇故事。

尽管《三国志·魏书》未明确记录贾诩的生卒年份，但通过书中的线索，我们可以像拼图一样，逐步揭示他的生平。根据书

第一章 凉州少年

中提及"诩年七十七,薨",结合《三国志·魏书·文帝纪》中黄初四年(223)六月甲申日太尉贾诩去世的记载,我们可以推断贾诩大约出生于汉桓帝建和元年(147)。历史的魅力在于,通过零星的线索,我们能够窥探古人的生活。

贾诩的一生充满了波折,他亲历了汉末桓、灵、少、献四朝的兴衰,又在魏朝初期为文帝曹丕效力近四年。在这四年中,他运用自己的智慧和策略为曹魏政权的稳定做出了巨大贡献。

关于贾诩的家世,据《新唐书·宰相世系表》记载,他是西汉时期著名文人贾谊的后裔。贾谊,即《过秦论》的作者,不仅才华横溢,而且在政治上也颇具远见,对当时的政治提出了许多深刻的见解。然而,他的性格过于直率,不善于圆滑处世,一旦遭受排挤便愤世嫉俗,最终郁郁而终。贾诩似乎选择了一条与先祖不同的道路。

贾诩的家族世代为官,文化氛围极为浓厚。根据《武威贾氏宗谱》记载,贾谊的九世孙贾秀玉在东汉时期担任武威太守,贾家自此在武威地区扎根。贾秀玉之子贾衍曾任兖州刺史,而贾衍之子贾龚则担任轻骑将军,同样居住于武威。贾龚有两个儿子,长子贾彩,次子便是贾诩。

贾诩——算无遗策的三国第一"毒士"

在东汉末期,国家面临着动荡不安的局面,朝廷对西北边疆的控制力逐渐减弱,外族势力伺机而动,战事连连。在这样的时代背景下,担任西北地区的太守仅凭文学素养是远远不够的,军事才能显得尤为重要。与先祖贾谊相比,贾诩时其家族的风气已经发生了显著转变,他们更加重视军事和作战策略。作为一名将军,贾诩的父亲贾龚对贾诩的成长有着不可忽视的影响。

在父亲的影响下,贾诩自幼就展现出了对知识的强烈渴望,他勤勉学习,广泛阅读各类书籍。他的智力和洞察力在早年就已经开始显现,他善于洞察社会现象,分析问题深入细致,并且能够提出独到的见解。这些特质为他日后的政治生涯打下了坚实的基础。

在东汉末期,国家内外交困,政权如风雨中飘摇的浮萍。黄巾军起义,势不可当;朝中宦官专权,朝政衰败。在这混乱时期,车骑将军皇甫嵩在广宗城(今河北省威县)一战中,大败黄巾军,斩敌三万余,声名远播。此前,黄巾军的地公将军张宝也在曲阳被皇甫嵩击败,最终自尽。皇甫嵩采取强硬手段,为了彻底清除曲阳附近的黄巾军残余,甚至不惜屠城,其手段令世人震惊。此时,汉阳的名士阎忠找到皇甫嵩,诚恳地劝他趁势攻占洛

第一章 凉州少年

阳,清除宦官,恢复汉室的威望,结束混乱。但皇甫嵩并未接受这一建议。

阎忠因此感到愤怒,决定离开皇甫嵩,前往凉州。在旅途中,他意外地遇到了贾诩,虽然关于他们的会面历史记载不多,但阎忠对贾诩的评价流传至今:此人有张良、陈平之才(《三国志·魏书·荀彧荀攸贾诩传》)。在当时,张良和陈平是刘邦的两大谋士,智谋非凡,声名远扬。而当时的诸葛亮还只是新手,张良和陈平才是智慧的象征。阎忠是如何看出贾诩的非凡,将他与这两位历史人物相提并论的呢?

关于贾诩的早期经历,《三国志·魏书·荀彧荀攸贾诩传》中有如下记载:

(贾诩)察孝廉为郎,疾病去官,西还至汧,道遇叛氐,同行数十人皆为所执。诩曰:"我段公外孙也,汝别埋我,我家必厚赎之。"时太尉段颎,昔久为边将,威震西土,故诩假以惧氐。氐果不敢害,与盟而送之,其余悉死。诩实非段甥,权以济事,咸此类也。

贾诩——算无遗策的三国第一"毒士"

这段历史让我们首次目睹了贾诩的机智和随机应变的能力。在动荡的时代背景下，他能够洞察时局，灵活地应对各种情况，这种本领成为他后来在政治舞台上取得显著成就的关键因素之一。

贾诩在成年后，因他的孝廉品质被举荐为议郎，从而步入了政治舞台。然而，命运并未完全眷顾他，一场不寻常的疾病突然袭来，导致他无法继续承担职责。在那个时代，缺乏现代的带薪病假政策，贾诩不得不辞去官职，踏上了归乡之路。

除了健康问题，还有人推测贾诩辞官可能与他对当时政治环境的深思熟虑有关。在汉末的动荡时期，官场腐败盛行，贾诩可能预见到继续留在官场并不是一个明智的选择。因此，他可能选择了以疾病为由辞去官职，以此避开可能卷入的政治斗争。

在东汉时期，汉灵帝光和二年（179），贾诩在向西前往汧县（现位于陕西省陇县东南方向）的途中，面临了一次严峻的挑战。

那个时代，社会秩序混乱，盗匪横行，为了保障安全，贾诩决定与一行人同行。但是，当他们的队伍抵达汧县时，却被一群穿着奇特的人截停。这些并非普通路人，而是参与叛乱的氐人，他们迅速制伏并拘禁了数十人。

第一章 凉州少年

当得知对方身份为氐人后,贾诩内心感到震惊。他对氐人的叛乱行为早有耳闻,却未曾料到自己会落入其手中。更令人恐慌的是,氐人正在商议将这些人活埋。在这个生死攸关的时刻,贾诩迅速思考如何逃脱。

贾诩急中生智,高声宣称:"我是段颎太尉的外孙!你们别杀我,送我回去,我家必定会支付巨额赎金!"段颎,即当时的太尉,是东汉末年平定羌人叛乱的著名将领,声名显赫。氐人曾多次败于段颎之手,对他既敬畏又恐惧。

贾诩察觉到氐人对段颎的名声有所忌惮,便进一步提出重金赎身,以此增强自己话语的说服力。氐人被这番话所打动,立刻释放了贾诩,并且与他缔结了互不侵犯的盟约,甚至殷勤地护送他离开。

在告别之际,贾诩向其他被俘的人许下诺言,表示自己将筹集资金来赎回他们。这些人带着希望,目送贾诩离去,期盼着他的归来。但是,贾诩一脱离氐人的控制,便毫不犹豫地返回了自己的家乡。

虽然氐人性格直率,但他们并不缺乏智慧。他们注意到贾诩独自离开,开始怀疑自己是否被骗。经过一番思考,他们意识到自己确实被贾诩欺骗了。愤怒之下,他们将剩余的俘虏全部杀害,无一幸免。那些俘虏在生命的最后时刻,还在期盼贾诩的救援。

与此同时,贾诩已经安全地回到了自己的"领地",对自己能够逃脱感到庆幸。至于那些曾经与他同病相怜的俘虏,贾诩或许并未放在心上。

这个故事不仅说明了贾诩的自私和狡猾,同时也显示了他的聪明和机敏。

可能连段颎本人也未曾料到,他无意中成了三国时期一位关键剧情推动者的"外祖父"。贾诩,这位被后世尊为三国时期心理洞察力最强的智者,其一生中的每一个决定都严格遵循了自利的原则,并且每次选择都使他攀登至更高的地位。更为精妙的是,这些选择都在历史的转折点上发挥了重要作用。他的话语常常拥有巨大的影响力,简单的几句话就能揭开历史的新篇章。

根据这段记载,贾诩因其孝廉的名声被推荐为议郎,这表明他在孝顺和廉洁方面至少表面上是合格的,并且得到了地方领导层的认可。

在汉代,进入官场并非难事,尤其是对于那些家境富裕或有

第一章　凉州少年

权有势的人来说，获得官职几乎易如反掌。汉代实行"任子"制度，即那些年薪超过二千石且任职满三年的高官，他们的子侄或外甥等亲属可以轻易获得官职。

对于那些没有这样背景的家庭的子弟，汉代还有"赀选"制度。只要家庭财富丰厚，超过十万钱，并且不是出身于被社会轻视的商人家庭，就有机会通过向国家"纳资"——支付一定的金钱——来换取官职。西汉时期的文学巨匠司马相如就是通过这种方式步入仕途的。

对于那些既无官场背景又缺乏财富，但仍渴望成为国家官员的人，虽然入仕之路困难重重，但也并非无路可走。还有"举孝廉"这一途径。孝廉指的是既孝顺又廉洁的人，在汉代，这两种品质极受重视。自汉文帝起，汉代的皇帝都非常重视品德高尚的人才，但每个郡的举荐名额极为有限，仅有两个——一个给孝子，一个给廉吏。可见，能够被推荐的人实属罕见。

第二章
效力董家军

在贾诩悠享长假之时,外界局势却如同被巨手搅动,发生了剧烈变化。东汉光和年间(178—184),黄巾军起义如同风暴般席卷全国,朝廷忙于四处镇压,对边疆的控制力急剧下降,凉州更是陷入了前所未有的混乱。武威太守暴虐贪婪,羌人的反叛接连不断,社会动荡不安,有人甚至暗自讨论是否应该放弃凉州。

面对如此错综复杂的局势,贾诩明白,在乱世中唯有主动出击才能找到立足之地。恰在此时,董卓崛起,以中郎将的身份西征陇西,随后驻守凉州,为贾诩提供了重返历史舞台、施展才华的良机。

董卓在河、陇地区享有盛名,且出身于凉州,对这片土地有着深厚的情感和深入的了解。贾诩选择加入董卓阵营,不仅因为他洞察到董卓的潜力,更因为他希望在混乱的世界中为自己找到生存与发展的路径。

根据史料记载,贾诩返回家乡休养的时间正好与段颎担任太

第二章　效力董家军

尉的时期相吻合。最迟不会晚于光和二年（179），推测应该是在段颎首次担任太尉的时候。不过，令人费解的是，贾诩归家后，在史籍中仿佛销声匿迹，直至中平六年（189）董卓入京时，他才重新出现，那时他已过40岁，依然风度翩翩。当他再次出现时，已经得到了凉州集团的信任和重用，董卓麾下的将领们对他极为珍视，与他亲密无间。贾诩既能在前线作战，又能在幕后策划，并且不断受到董卓集团的提拔和重用。尽管贾诩比董卓年轻约20岁，但在董卓集团中，他却是名副其实的"年轻老将"，拥有深厚的资历。

那么，在这消失的十几年里，贾诩究竟做了些什么？难道他真的选择了隐居，远离尘世的纷争吗？实际上，他消失的原因并不复杂。在这十几年间，贾诩的活动并不适合在史书中详细记载。例如，他一直身处董卓的阵营，为其出谋划策。后来，贾诩又成为曹魏集团的核心成员，因此，他的过去变得非常敏感，需要谨慎地隐藏。这也是不得已的选择，毕竟董卓的凉州集团与曹魏集团势不两立。

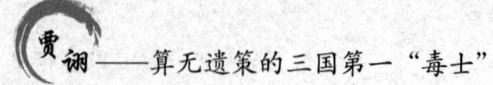
贾诩——算无遗策的三国第一"毒士"

一、不会打仗的谋士不是好谋士

中平六年（189）的夏日，汉灵帝在丙辰日默默离世，引发了一场潜藏在历史深处的政治风暴。皇位由年轻的皇长子刘辩继承，后世称其为少帝，他被推至权力的顶峰。然而，这场意外的皇位交替并未带来预期的稳定与和平，反而如同一柄锋利的剑，刺向了外戚与宦官之间本已紧绷的紧张关系，使得局势更加复杂多变。

在这个充满动荡的时代，大将军何进站了出来，做出了一个可能改变历史的决定——他向并州牧董卓发出了邀请。董卓，这位以勇猛著称的将领，在接到邀请后，迅速带领他的精锐骑兵，气势磅礴地进入洛阳，如同一股势不可当的力量，席卷了整个京城。

在董卓麾下，贾诩既是智囊也是军事指挥官，曾担任过都尉、校尉等职。

《三国志·魏书·荀彧荀攸贾诩传》记载："董卓之入洛阳，诩以太尉掾为平津都尉，迁讨虏校尉。卓婿中郎将牛辅屯陕，诩在辅军。"

第二章　效力董家军

当董卓掌控洛阳时，贾诩被任命为平津都尉，同时兼任太尉掾。尽管这个职位的等级不算高，但他作为太尉府的核心顾问，其决策和行为对时局有着重大影响，成为影响成败的核心角色。平津都尉的职位虽不显赫，却关乎守护洛阳北面的要冲——黄河的重要渡口，这无疑是对他才能的高度认可。须知，此职位是灵帝为了加固京城防御而特别设立的"八关都尉"之一，其地位显而易见。

同时《资治通鉴·汉纪五十一》记载："乙酉，以太尉刘虞为大司马，封襄贲侯。董卓自为太尉，领前将军事，加节传、斧钺、虎贲，更封郿侯。""（董卓入京任命了很多官员）卓所亲爱，并不处显职，但将校而已。"

这段历史提供了更深入的背景信息：董卓进京后，在任命官员时保持了一定的低调，并未给予其亲信显赫的职位。

随后，贾诩迎来了新的升迁，被提拔为讨虏校尉，并被派往董卓女婿牛辅指挥的军队中服务。董卓认识到洛阳至长安的路线对于整个局势的控制至关重要，因此派遣他最信任的女婿牛辅驻守陕地。贾诩的加入，为董卓的这一战略布局增加了重要的分量。虽然贾诩所担任的官职名义上属于大汉的正统体系，但实际上，他已经成了董卓身边不可或缺的重要助手和智囊团中的杰出人物。

贾诩在牛辅麾下任职。那么，牛辅究竟是谁？他是董卓的女婿，在董卓集团中地位显赫，被视为董卓的副手，甚至是董卓的预定继承人。

人们或许会疑惑，为何董卓的女婿在董卓集团中的地位仅次于董卓本人，并且被视为潜在的继任者？要解释这一点，我们需要提及董卓的儿子。董卓在进京之前，确实有过一个儿子，但这个儿子出生较晚，是在建宁四年（171）出生的。根据《三国志·魏书·刘司马梁张温贾传》记载，董卓曾对司马朗说："你和我那早逝的儿子同年，怎么就这样错过了？"这里提到的"早逝的儿子"，指的就是董卓的这个儿子。

可能有人会推测，董卓的儿子是否早逝？实际上，他不仅长大成人，还留下了一个女儿，名为董白。董卓迁都至长安时，还特别封这个孙女为渭阳君。由此可知，董卓的儿子是在有了女儿之后才去世的，时间大约在中平二年（185）之后。董卓留下了孙女的名字，却未留下儿子的名字及死因，这确实令人费解。

第二章　效力董家军

回到主题，如果董卓的儿子还在世，他很可能成为董卓的继任者，而非女婿牛辅。然而，牛辅作为董卓的女婿，在董卓集团中也颇具威望，被视为集团的少主。董卓的嫡系部队大多由他指挥，包括李傕、郭汜、贾诩等人物，都是他的部下。

贾诩担任着军事指挥的角色，在董卓与关东联军的冲突中，他不仅是参与者，还扮演了重要的角色。《后汉纪·孝献皇帝纪》记载："牛辅遣李傕、郭汜、张济、贾诩出兵击关东，先向孙坚。坚移屯梁东，大为傕等所破。坚率千骑溃围而去。"

在这场战斗中，贾诩面对孙坚——被誉为"江东之虎"的强敌，并没有选择直接正面冲突，而是巧妙地运用了地形的优势，逐步缩小了包围网，使孙坚的部队在不自觉中陷入了困境。他能够洞悉战场上的任何微小变动，孙坚的每一次反击或突围行动似乎都在他的预料之中。贾诩总能及时调整战术，像棋手在棋盘上布局一样，稳健地保持着对战场的控制。他与其他将领之间似乎有着不言而喻的默契，共同策划战术并协同执行战斗任务。在战斗中，贾诩亲自上阵指挥，他的激昂斗志和坚定的指挥风格，都化作了一股激励士兵们勇往直前的力量。

在梁东之战中，贾诩的策略和勇气得到了充分的体现。他与同僚们精心布局，布下了多层埋伏。当孙坚的军队进入预设的陷阱时，他们迅速如猛虎般出击，将孙坚的部队分割并包围。

后来，贾诩多以谋士的形象出现在三国的叙事中，但实际上他在治军方面也有独到之处，凉州的将领们，如张济等，对他极为敬仰。

引人注目的是，贾诩的军事理论作品也流传到了后世。贾诩著有《钞孙子兵法》一卷，并为《吴起兵法》校注。《钞孙子兵法》是贾诩对《孙子兵法》的注解或摘要。由于原著已失传，我们无法直接看到贾诩的具体注解内容，但可以从其他史料中推测出他对《孙子兵法》的深刻理解和应用。《吴起兵法》是战国时期著名军事家吴起的著作，它较为完整地被著录在《汉书·艺文志》中。然而，由于年代久远，原著已散佚不全。贾诩为《吴起兵法》校注，不仅有助于该书的保存和流传，也体现了他对古代兵法的深入研究和独到见解。

贾诩的军事理论作品虽然数量不多，但质量极高，对后世产生了深远的影响。他的军事理论注重实际应用，强调对主观和客观条件的全面分析，以作出正确的判断与决策。同时，他也非常注重谋略和智取，反对单纯的力战和冒险。这些特点在

第二章 效力董家军

他的军事生涯中得到了充分的体现,也为他赢得了"算无遗策"的美誉。

综合这些历史资料,我们可以得出结论:贾诩不仅是一位在幕后策划的谋士,他还曾亲自穿上战袍,上阵杀敌,这样的生活持续了多年。他的军事才干和实战经历,无疑为他的智慧增添了更深刻的内涵。

二、董家军群魔乱舞

董卓在青年时期驰骋于凉州,致力于平息叛乱,特别是在关中地区,他指挥军队成功抵御了先零羌的反叛,与张奂、段颎一同战斗,实现了"三州清定",建立了显赫的功绩。在那个时期,他被视为汉朝边疆的捍卫者,也是众人心目中的英雄。

担任并州刺史期间,董卓北上抵御鲜卑人,与鲜卑首领檀石槐进行了正面的战斗,表现出了无畏的勇气。他的名声在边疆远播,成为汉朝的坚强屏障。但是,在黄巾军起义之后,凉州和关中地区再次陷入了混乱,董卓再次站出来,独自守护西州,凭借智慧和勇气保护了东汉的西部边疆,成为国家的中坚力量。

然而,董卓进入京城后,情况发生了变化。他过去的功绩变成了他傲慢的资本；曾经的英雄也逐渐被对权力的欲望所腐蚀，转变成了一个狂暴的军阀。为了防止世家大族重新支持汉少帝，他甚至毒死了废帝，犯下了严重的叛逆之罪。在与世族的斗争中，他未能赢得人心，导致叛乱愈演愈烈，东汉也因此走向了衰败。

董卓由于缺乏世家背景和在中央政府的执政经验，最终选择放弃洛阳，退回到关中地区。那些曾经支持他对抗世族叛乱的朝中官员，在他离去时，心中充满了失落和忧伤。与此同时，关东的军阀们趁机相互争斗，而董卓则在关西建造了郿坞，企图保全自己，失去了进一步扩张的雄心。对于"大汉太师"的尊称，他已不再配得上，转而成了一个藏匿于郿坞、沉溺于享乐的叛逆之臣。

那时，董卓似乎已经忘记了他当初离开凉州时的雄心壮志，只剩下了贪婪和腐败的躯壳。当大多数人对董卓彻底失望时，他前往长安，并最终在那里结束了生命。董卓的崛起，对东汉的政治格局产生了深远的影响，他的篡权行为导致天下大乱的局面提前到来。这才是董卓真正的罪过。

董卓早期的成就，随着他篡夺皇权、控制诸侯的残暴行径，

第二章　效力董家军

逐渐被世人遗忘。"十八路诸侯联合讨伐董卓",成了三国历史的序幕。董卓去世后,除了他的直系部队,所有的贵族和平民都感到如释重负,仿佛噩梦已经结束。

董卓去世之后,王允和吕布开始策划如何清除董卓集团的核心成员牛辅。吕布派遣李肃持诏书前往河东,企图一举消灭牛辅。然而,李肃被牛辅的部队击败,逃至弘农,最终未能逃脱吕布的惩罚,命丧黄泉。

按照常理,牛辅在击败王允等人的军队后,应迅速整合旧部,乘胜追击,夺回长安。但是,这位董卓麾下曾经的勇将,在一次意外事件中,糊里糊涂地丧了命。这背后究竟隐藏着怎样的故事呢？

《三国志·魏书·董二袁刘传》追溯了这段历史的真相。根据书中的记载,在牛辅军队获胜的那个夜晚,营地中突然发生了营啸——士兵因恐慌或不安而集体哗变。牛辅误以为军队已经叛变,惊恐万分,急忙收拾起金银财宝,仅带着几名亲信,匆忙逃离营地,计划逃往黄河北岸。

然而,在逃亡过程中,胡赤儿等人被牛辅携带的财富所吸引,心生贪念,竟在渡河时对牛辅下了毒手,将其斩杀,并将牛

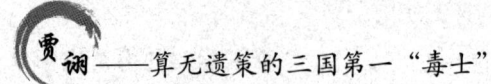

辅的首级送往长安。

在董卓的麾下，有四位被合称为"四董"的重要人物——董旻、董越、董璜、董承。这四位在董卓集团中的地位举足轻重，声名显赫。

根据《三国志·魏书·董二袁刘传》中裴注引用的《献帝起居注》，皇甫郦对董卓的部下有过这样的评价："董公之强，将军亲眼所见，朝内有王公作为内应，朝外则有董旻、董承、董璜等人为祸首。"由此可见，即便不包括董越，"三董"已足以令人畏惧，更别提"四董"齐聚一堂了。

首先，董旻是董卓的亲弟弟，字叔颖，在董卓集团中扮演着关键角色。在董卓进入京城时，董旻出力甚多，后来随董卓留在长安，担任左将军，并被封为鄠侯。

至于董承，虽然同样姓董，但与董卓并无血缘关系。董承是董太皇太后的侄子，按辈分算来，他还是汉献帝的叔叔。董卓死后，董承并未受到牵连，因为他是皇帝的近亲，一般人不敢轻易动他。

然而，董承后来因自作主张，策划了"衣带诏"企图对抗曹操，最终不仅未能成功，还因此丧命。

第二章　效力董家军

董璜，董卓的侄子，在长安担任侍中及中军校尉。董卓死后，董璜并未逃离，而是留在长安观望形势的发展。

再谈及董越，他是董卓麾下的杰出将领，拥有中郎将的军衔，并统领着自己的部队。关于董越的出身，我们知之甚少，但牛辅在得知董卓的死讯后，首先想到的就是董越。原因何在？无疑是为了吞并董越的部队。因此，牛辅找了个理由，将董越杀害。

《三国志·魏书·董二袁刘传》裴注引用的《魏书》详细记录了这一事件。牛辅生性胆小且极度迷信，他遇到任何人都要先请算命先生为其占卜，以观是否有反叛之意。董越前来拜访时，牛辅也让算命先生为董越算了一卦，结果算命先生预言："火胜金，外谋内之卦也。"牛辅听后，急忙下令杀害董越。

然而，《三国志·魏书·董二袁刘传》裴注引用的《献帝纪》为此事提供了一个不太合理的解释，称算命先生因曾被董越鞭打而故意报复。这个理由显得颇为牵强。即使牛辅迷信占卜，但在即将与长安军队交战之际，他怎会因一卦而杀害董越？归根结底，牛辅杀害董越，或是出于吞并其部队的目的，或是担心董越争夺继承权。

总的来说，牛辅杀害董越并吞并其部队，这增加了他手下士兵夜间暴动、发生营啸的可能性。按照这个逻辑，牛辅的死似乎并不冤屈。

三、"反攻长安"，喜提"毒士"之称

在董卓的直系军队中，有四位声名显赫的将领，即李傕、郭汜、张济、樊稠，这四人被冠以"西凉四猛将"的称号。他们之所以名声在外，是因为跟随董卓征战多年，屡立战功，从而在军中确立了他们的地位和影响力。

李傕和郭汜以勇猛和狡诈著称，他们在用兵上极具天赋，且辩才出众。他们不仅武艺出众，还继承了董卓集团将领的典型特征——残暴。在董卓的校尉中，不乏杀人如麻者，而李傕和郭汜更是其中的佼佼者。

在董卓遭遇不幸之前，牛辅曾派遣这四位将领四处掠夺，他们所经之地，如同死神降临，令当地居民惊恐万分。但是，当他们返回河东时，却接到了一个令人震惊的消息——董卓遭遇了不幸，牛辅的首级也被送往了长安。

面对突如其来的变故，李傕等人陷入了恐慌，急忙派遣使者

第二章　效力董家军

向长安请求特别赦免。然而，王允的回应是："一年之内怎能有两次大赦？"（当年正月已经进行过一次大赦）这一答复，实际上等于宣判了李傕等人的死刑。

李傕等人商议后认为，不如解散，各自逃回西凉的老家避难。如果真的这样做了，历史可能会完全改写，因为那样的话，献帝可能永远不会落入曹操手中，关东的局势也将变得复杂难测。

然而，在这一紧要关头，贾诩提出了他的意见——不能逃。他提出了一个可能改变历史进程的建议："听闻长安有人议论要杀光所有凉州人，如果诸位放弃军队单独行动，一个小小的地方官就能将你们逮捕。不如我们率领部队向西进攻长安，为董卓复仇。如果行动成功，我们可以匡扶汉室，整顿天下；若失败，再退守西凉也不晚。"

《武经七书》详细记载了贾诩的策略，使我们能够深入了解他提出的"反攻长安"计划的细节。贾诩不仅评估了当时的政治军事形势，还巧妙地以王允的名义伪造了一份诏书。该诏书宣称要屠杀所有凉州人，无论老少，不分军民，其措辞之激烈和手段之残酷令人震惊。正是这封诏书，促使原本犹豫不决的张济、樊诩等人加入反抗的行列中。他们决定与李傕、郭汜联手，进军长安，为董卓复仇。

因此，一幕震撼人心的历史剧即将开启。而这一切的转机，都始于贾诩那句震撼人心的警告："不能逃！"

得知李傕、郭汜率领的大军逼近的消息，王允迅速指派了董卓的三位前将领——胡轸、徐荣、杨定前往新丰进行抵抗。然而，这场战斗的结局却出乎意料。徐荣，这位经验丰富的辽东将领在战斗中英勇牺牲。与此同时，胡轸和杨定出人意料地带领部队向李傕、郭汜投降。

关于这场战斗的细节，史书记载并不详尽。徐荣的牺牲令人震惊，因为他曾在战场上击败过多位强敌，战功显赫，此次却迅速陨落，这是否意味着李傕、郭汜的攻势过于猛烈？但考虑到徐荣的战斗能力，他不至于如此迅速地败北。

因此，有人推测，徐荣的牺牲可能与他的出生地有关。徐荣来自辽东的玄菟，而胡轸来自凉州的武威，叛军李傕等人也是凉州人。在当时那个强调族群身份的时代，徐荣可能在战场上遭到了胡轸和杨定的背叛，被他们从背后攻击，导致了悲剧的发生。从根本上说，这反映了王允在处理董卓余党问题上的

第二章　效力董家军

政策失误。

李傕的军队在行进中不断扩张，当他到达长安时，随行的西凉军队人数已超过十万。五月，他与董卓的旧部樊稠、李蒙等人集结，一同发起了对长安的围攻。

尽管西凉军人数众多，在攻城装备上却显得不足。在紧张的对峙期间，吕布向郭汜提出了单挑。郭汜勇敢地接受了挑战，决心击败吕布。但吕布的武艺更为出色，他的矛击中了郭汜，幸亏郭汜身穿护甲，被部下及时救回，才得以生还。

到了第八天，吕布的军队发生了内乱，士兵的叛变让西凉军得以攻入城内，与吕布的部队在城内展开了巷战。在混乱中，吕布带领数百骑兵，将董卓的首级挂在马鞍上，奋力冲出重围，而王允则遭遇不幸。

李傕等人允许士兵掠夺，长安城很快变成了废墟。关中地区似乎总是多灾多难，从项羽到赤眉军，再到李傕，大约每二百年这片土地就会遭受一次灾难。

完成复仇后，朝廷的权力架构发生了重大转变，李傕、郭汜和樊稠三人联手掌握了朝政大权。相较于董卓时期，西凉将领们的统治手段更为严酷，他们在国家治理上毫无建树，却精于侵扰百姓。军粮的供应几乎完全依赖于掠夺，致使众多关中居民或遭受杀害或被迫流离失所，这片曾经肥沃的土地迅速变得荒芜和萧条。

在长安稳固地位后，李傕紧握贾诩之手，感慨道："我们今日的地位，全拜您的计谋所赐。"这不仅是对贾诩策略的肯定，也是对那个动荡时代的讽刺与反思。在那个时代，每一个决策都可能导致历史的转折，贾诩的智慧和远见无疑是导致历史转折的关键因素。

贾诩与李傕、郭汜合作，以为董卓复仇为名，重返长安并夺取了政权。他的初衷仅是为了保护凉州集团的安全，但事态的发展远比他预期的要复杂。失去了董卓的凉州集团，如同脱缰之马，彻底打乱了朝廷的秩序。

贾诩，一个在三国时期以非凡、奇特、狡猾著称的谋士，他的表字"文和"与他的实际行为形成了强烈反差，尤其是他那次引发动乱的"乱武"之举，更是让他被冠以"毒士"之名。

随着岁月的流逝，贾诩逐渐领悟到，仅凭暴力和权谋难以实现政权的长期稳固。他开始深思如何稳固政局，保障皇室安全以及如何缓解不同势力间的紧张关系。

第二章　效力董家军

贾诩开始运用他的智慧和政治技巧，通过斡旋和制衡各派力量，以保持朝廷的均衡与稳定。他的角色已经超越了一名简单的谋士，转而成为一位能够掌控大局、维护国家稳定的政治家。

贾诩提出的"反攻长安"策略使李傕得以攀至权力的顶峰，自然，对此李傕需要给予贾诩相应的回报。

《三国志·魏书·荀彧荀攸贾诩传》记载：

> 后诩为左冯翊，傕等欲以功侯之，诩曰："此救命之计，何功之有！"固辞不受。

左冯翊是郡级行政区划，李傕让贾诩担任了享有二千石俸禄的郡守一职。在当时，朝廷实际控制的地域日益缩减，关东地区陷入混乱，而左冯翊位于关中，却稳固地处于凉州集团的掌控之中，这表明李傕和郭汜对贾诩抱有极大的尊重和信赖。

这种情况与后来蜀汉时期丞相诸葛亮兼任益州牧的情形颇为相似。尽管蜀汉名义上任命了许多州牧，但实际上仅益州处于蜀汉的直接控制之下，因此诸葛亮亲自担任了这个"名副其实的州牧"。

李傕有意封贾诩为侯，但贾诩面对这样的尊荣，却选择了婉拒。不成为侯爵，那么担任尚书仆射一职如何？贾诩同样表示了拒绝。《三国志·魏书·荀彧荀攸贾诩传》记载了贾诩的回应："尚书仆射乃众官之师，众望所归，我名望不足，何以服人？即便我不求名利，又将置国家朝廷于何地？"

尚书仆射这一职位的地位如何？让我们参考《后汉书·百官志》中的描述："尚书仆射一名，秩六百石。掌管尚书台事务，尚书令缺席时代行奏事职责。"由此可见，尚书仆射相当于尚书台的"常务尚书令"，虽然官秩仅为六百石，但实际上是汉朝政务中心的关键负责人，拥有相当大的权力。

李傕和郭汜的意图清晰，他们希望贾诩能够总管国家事务。然而，贾诩明白，与李傕、郭汜等人走得太近可能会引火烧身，他不愿意与他们沆瀣一气，最终仅接受了尚书的职位。尽管只是尚书，贾诩依然能够发挥自己的才能。根据史书的评价，贾诩在职期间的工作表现令人印象深刻。

《三国志·魏书·荀彧荀攸贾诩传》：

第二章　效力董家军

> 乃更拜诩尚书，典选举，多所匡济，傕等亲而惮之。

《三国志·魏书·荀彧荀攸贾诩传》裴注引《魏书》：

> 诩典选举，多选旧名以为令仆，论者以此多诩。

贾诩晋升为尚书，负责选拔官员这一重要职责，他的表现出色，多次为国家提供帮助，甚至那些权势显赫的大臣如李傕等，也对他既感到亲近又充满敬畏。裴松之在《三国志》的注释中，引用了《魏书》的记载，说贾诩在选拔官员时，倾向于选择那些有名望的资深官员担任重要职位，这一做法使他在公众舆论中获得了诸多赞誉。

贾诩经历了母亲去世的悲痛后，被任命为光禄大夫，随后李傕又请他担任宣义将军。在这段时间里，贾诩的官职变更频繁，如同走马灯般令人目不暇接。

李傕和郭汜等人对贾诩是非常尊敬的。在他们心中，贾诩就如同一根定海神针，无论局势如何动荡，他们都会征询他的意见。《三国志·魏书·荀彧荀攸贾诩传》裴注中引用了《献帝纪》的记载，描述了郭汜、樊稠和李傕在几近发生冲突的情况下，被贾诩以高深的道理平息冲突，他们也确实遵从了贾诩的劝告，这充分显示了贾诩在他们心中的分量。

四、护佑汉室

同时，贾诩也可以被视为大汉的一位忠心耿耿的臣子。在《三国志·魏书·荀彧荀攸贾诩传》裴注引用的《献帝纪》中，记载了贾诩对汉室的忠诚。当时，李傕企图将皇帝带到自己的军营中，贾诩得知后立刻反对："这样做是不妥的，强迫天子有违道德！"但李傕未听从，仍坚持己见。张绣见此情景，私下对贾诩说："这里不宜久留，你为何不离开？"贾诩则叹息着回答，坚决表示："我承受了国家的恩惠，不能做出违背信义的事。你可以走，但我不能。"

《三国志·魏书·荀彧荀攸贾诩传》对贾诩的评价极高，指出："李傕等人能够和解，释放天子，保护朝中大臣，贾诩在其中发挥了重要作用。"特别是"保护大臣"这一点，更是突显了贾诩的仁德。遗憾的是，我们无法确切知道在李傕、郭汜扰乱朝政时

第二章　效力董家军

期，贾诩具体保护和援助了哪些官员。

每当汉献帝面临困境，贾诩这位谋士总能及时出手，解决难题，尤其是在应对那些难以驾驭的凉州军阀时，贾诩的威望使他们感到敬畏。

回顾李傕、郭汜在长安制造混乱的那段历史，《三国志·魏书·荀彧荀攸贾诩传》裴注引用的《献帝纪》记载了一个关于羌、胡士兵索要宫女的故事。李傕为了拉拢羌、胡军队，承诺将宫女作为奖赏，以帮助他们对抗郭汜。结果，羌、胡士兵真的聚集在皇宫门前，大声疾呼："天子是否在宫中？李将军答应的宫女，何时能够给我们？"面对这种局面，汉献帝感到无助，只能向贾诩求助。贾诩镇定自若，邀请羌、胡首领参加宴会，在酒宴中承诺赐予他们封爵和重赏，最终使他们满意地离开。这不仅削弱了李傕的势力，也展现了贾诩的智慧和策略。

再来看《后汉书·皇后纪》中记载的贾诩如何保护"废王妃"唐姬的故事。唐姬，本是弘农王刘辩（即汉少帝）的王妃，刘辩被董卓毒死后，她虽幸免于难，却被遣返故里。然而，命运多舛，李傕攻破长安时，又将她掠走，意图纳为妾室。唐姬誓死不从，而这一切，都落在了贾诩的眼中。贾诩深知此事干系重大，立即向汉献帝禀报。献帝闻讯，感慨万千，随即下诏迎回唐姬，安置于宫中，并正式册封她为弘农王妃。这一举动，不仅是对唐姬的庇护，更是对汉室尊严的维护，贾诩之功，可见一斑。

在贾诩众多的智谋故事之中，有一件鲜为人知但同样精彩的事，发生在汉献帝东归的途中。根据《资治通鉴》记载，当献帝一行在关中艰难跋涉，不断遭到李傕、郭汜的追击，粮食短缺，士兵士气低落时，贾诩提出了一个冒险的策略。他建议献帝暗中派遣使者与沿途的地方势力接触，承诺以朝廷的名义授予他们官职和奖赏，以换取他们的粮食援助。这个计划一经实施，立刻取得了显著成效，献帝的队伍不仅获得了急需的补给，还沿途赢得了民心，为东归消除了许多障碍。

在献帝东归的艰辛旅程以及与李傕、郭汜等人的斗争中，贾诩始终扮演着一个关键角色。他凭借非凡的才智和坚定的态度，为献帝提供了巨大的支持与庇护。随着献帝最终完成东归，贾诩也为自己的未来铺平了道路。此时，他已被朝廷正式任命为郡守、将军，任负责选拔官员的尚书，甚至即将被提拔为尚书仆射，封侯拜相，其政治地位已经稳固。

第二章　效力董家军

贾诩对汉献帝的忠心以及他在朝中的巨大影响力,为他后来加入曹操麾下并受到重用打下了坚实的基础。这位智谋出众的谋士,用他的一生展示了"运筹帷幄之中,决胜千里之外"的真正含义,他的故事,宛如东汉末年的动荡时代,扣人心弦,令人深思。

第三章

归附张绣　智计频出

贾诩——算无遗策的三国第一"毒士"

兴平二年（195），朝廷的政治舞台上，李傕、郭汜和樊稠三位军事将领占据了中心位置，他们共同把持了中央政权。三人如同三只居心叵测的野兽，各自打着算盘，未能建立起坚实的同盟关系。

这三位军阀仿佛陷入了一场无休止的权力争斗，相互攻击，忙于战事。他们的争斗给天下百姓带来了深重的苦难。尤其是李傕，他的贪婪和残暴让他看起来像一个恶魔。当军需物资短缺时，他竟然盗用本应用于救助灾民和缓解民间疾苦的国库。更甚的是，他放任士兵掠夺百姓，这无疑是在已经满目疮痍的关中地区制造更多的痛苦。

随之而来的饥荒如同瘟疫般扩散，数以百万计的关中居民在饥饿和寒冷的双重打击下，只能含泪离开家园，向南逃亡。他们期望能在刘表、刘焉、张鲁等地方势力的领地上寻找到一处安全的避风港。

第三章 归附张绣 智计频出

当凉州集团重新占领长安并随后陷入内斗时，贾诩已经洞察到李傕、郭汜和樊稠三人不具备成就大业的素质。因此，他明智地放弃了自己的权力，离开了那个充满纷争的地方。

贾诩离开长安后，首先前往了段煨的领地。段煨与贾诩是同乡，但对贾诩存有戒心。贾诩也察觉到了这种微妙的气氛，意识到继续留下可能会引发问题。因此，他选择离开段煨，转而投靠张绣。值得一提的是，贾诩此次离去非常匆忙，甚至没有带上家人。

在告别之际，贾诩的一位密友好奇地问他："兄弟，段煨对你不薄，为何你突然决定离开？"贾诩微笑着，平静地解释了其中的门道："段煨虽然表面上彬彬有礼，内心却对我有所戒备。这种日子看似平静，实则暗流涌动，若我稍有不慎，可能会落入他的陷阱。我离开后，他可能会感到轻松，甚至可能因为我会为他带来外部支持而对我的家人更加关照。而且，张绣现在正需要一位优秀的谋士，我的加入对他来说是求之不得的，这样我和我的家人也能找到一个好的归宿，何乐而不为呢？"

《三国志·魏书·荀彧荀攸贾诩传》中对这件事记录得很详细：

> （段煨）与诩同郡，遂去傕托煨。诩素知名，为煨军所望。煨内恐其见夺，而外奉诩礼甚备，诩愈不自安。张绣在南阳，诩阴结绣，绣遣人迎诩。诩将行，或谓诩曰："煨待君厚矣，君安去之？"诩曰："煨性多疑，有忌诩意，礼虽厚，不可恃久，将为所图。我去必喜，又望吾结大援于外，必厚吾妻子。绣无谋主，亦愿得诩，则家与身必俱全矣。"诩遂往，绣执子孙礼，煨果善视其家。

贾诩的预测果然精准，事情的发展确实如他所预料的那样。张绣对贾诩非常信服，几乎将他视若珍宝；而段煨也遵守了他的诺言，对贾诩的家人给予了极高的礼遇，唯恐有所不周。结果，贾诩不仅为自己找到了一个理想的归宿，他的家人也因此受益，实现了双赢的局面。

一、北地枪王

四位将领李傕、郭汜、张济和樊稠以为董卓之死复仇为名，占领了长安，处决了王允，重新掌握了朝廷的权力中心。然而，

第三章 归附张绣 智计频出

他们的统治并未持久，很快就遭遇了灭亡的命运。其中的缘由，确实值得我们深入思考。

如前所述，凉州军队的战斗力极为强大，外来势力要想战胜他们，几乎是不可能的。李傕和郭汜领导的凉州军队，其主要问题在于无休止的内部冲突。为何会这样？凉州的将领们天生多疑，李傕掌握政权后不久，便与樊稠产生了严重的分歧。

马腾和韩遂未能攻下长安，最终撤退。在追击过程中，樊稠考虑到为自己留后路，故意放走了韩遂。这件事不知怎的被李傕的侄子李利得知。李利回去后告诉李傕："我看见韩遂和樊稠在私下交谈，似乎关系非常亲近。"听闻此言，李傕心生疑虑，怀疑樊稠与韩遂私下勾结。因此，李傕找了个借口，邀请樊稠参加一个会议，樊稠一落座，李傕便趁机将他杀害。

随着樊稠的去世，四位将领中只剩下张济一人还驻扎在弘农。在朝中，掌握实权的仅剩李傕和郭汜。但这两人也未能和睦相处，很快他们之间便产生了猜忌，甚至在长安城内爆发了冲突。

李傕和郭汜之间"相疑"的原因何在？根据《三国志·魏书·董卓传》引用《典略》的记载，李傕曾频繁地邀请郭汜参加酒宴，并有时留郭汜在自己家中过夜。郭汜的妻子因此担心李傕可能会送给郭汜其他女子，从而夺走丈夫对她的爱。于是，她便开始策划如何挑拨他们之间的关系。

在一次事件中，李傕赠予郭汜酒食，郭汜的妻子趁机在食物中掺入豆豉，伪造成毒物。当郭汜要进食时，她故意指出"毒药"警告郭汜，提醒他食物可能有问题，并表示她一直怀疑李傕有异心，现在看来她的怀疑是有道理的。这番话使得郭汜对李傕起了疑心。

随后，李傕又一次邀请郭汜参加宴会，郭汜内心犹豫，但在李傕的坚持邀请下，他还是出席了，结果饮酒过量，酩酊大醉。由于之前的事件，郭汜始终心存疑虑，担心李傕可能在酒中下毒。因此，他采取了极端措施，饮用了一些粪便汁液以期解毒。这一行为标志着他们之间的关系彻底恶化。

李傕与郭汜，一位控制了皇帝，另一位控制了朝中高官，在长安城内展开了激烈的争斗。这场争斗导致凉州兵团分崩离析，最终郭汜被部下杀害，李傕则被段煨消灭。

面对凉州集团内部的纷争，张济——董卓曾经的亲信将领感到失望至极，决定不再与他的同僚们争斗。他毅然决然地带领自

第三章　归附张绣　智计频出

己的部队进入了刘表控制的荆州地区。但是，由于军粮供应的问题，张济的军队遭遇了严重的粮草短缺。在这种情况下，他采取了"声东击西"的策略，表面上攻击穰城，实际上是为了向刘表索取粮食。然而，命运多舛，张济在这一计谋中意外中箭，最终未能实现其抱负，令人感叹。

张济离去之后，其侄张绣便担起了重任，执掌了西凉军的指挥权。张绣是一个非凡的人物，他出生于东汉末期的凉州武威郡祖厉县，具体的出生时间未被记载。他是董卓旧部、骠骑将军张济的侄子，也是汉末众多势力中的杰出人物之一。张绣继承了叔父之志，驻守在宛城，短时间内，诸如刘表、曹操、袁绍等大军阀都向他伸出了招揽之手，意图争取这位有前途的年轻指挥官。

在《三国志》中，陈寿特别为张绣撰写了传记，使得后人能够更深入地了解这位英雄的事迹。张绣早年师从武术大师童渊，掌握了"百鸟朝凤枪"的技艺，名震四方，因而被后世尊为"北地枪王"。在青年时期，张绣随侍叔父张济参与了无数次的征战，积累了显赫的战功，赢得了叔父和军中同僚的信任与尊敬。

在东汉末期，社会动荡不安，金城郡的边章、韩遂等人发起了反叛。金城郡的麴胜也趁机攻击了祖厉县，并杀害了当地长官刘隽。张绣当时在祖厉县担任官职，他立誓要为刘隽报仇。最终，他等到了机会，亲手除掉了麹胜，并参与了平息凉州动乱的军事行动。这一系列行为为张绣赢得了忠诚和有义气的美誉，吸引了许多崇尚侠义的青年前来投奔，张绣也因而逐渐成为凉州地区的杰出人物。

张绣的叔叔张济，是董卓手下的一位核心将领。张绣经常随侍在张济身边，不仅获得了张济的高度认可与信赖，还依靠自己的才干和勇猛在战场上取得了众多战果。初平三年（192），董卓在长安被其部将吕布等人暗杀，西凉军失去了领导，处于瓦解的边缘。在这个紧要关头，张济采纳了谋士贾诩的计策，决定向长安发起反击，转危为安。他与李傕、郭汜、樊稠等人联手，成功攻陷长安，张济因此被册封为镇东将军、平阳侯，随后又被提升为骠骑将军。张绣也紧随其后，凭借军功晋升为建忠将军，并被封为宣威侯。

但是，这种局面并未持续太久。建安元年（196），为了解决军队的补给问题，张济再次领兵进入了荆州境内。在与刘表的军队交战时，张济冲锋在前，却不幸被箭矢射中，英勇牺牲。

张济去世后，他的继任者张绣陷入了困境。他需要供养大批

第三章 归附张绣 智计频出

士兵，日常的供给问题已经让他倍感压力，更别提还要考虑如何为叔父报仇。这确实是一个复杂的问题，使得张绣一时间感到无所适从。

幸运的是，张绣具有辨识人才的眼光，他注意到了段煨麾下的贾诩。经过一番努力，张绣成功地将贾诩招揽到自己的阵营中，为自己增添了一位能够提供智谋的顾问。

贾诩加入后，立刻为张绣提供了明智的指导。他建议张绣暂时搁置复仇的计划，而是先与刘表结盟以稳固自己的地位。这个建议是贾诩经过仔细考虑后提出的。张绣听后，认为这个建议非常合理，于是按照贾诩的计划行动，开始与刘表建立联系，寻求合作。这一系列举措有效改善了张绣的困境。

《三国志·魏书·荀彧荀攸贾诩传》裴注引《傅子》记录了贾诩自去见了刘表，并为刘表作出如下分析：

> 诩南见刘表，表以客礼待之。诩曰："表，平世三公才也；不见事变，多疑无决，无能为也。"

贾诩以敏锐的洞察力和对局势的深刻分析能力著称。他观察了刘表一番后，心中了然，意识到在动荡的时代中，刘表难以成就大业。因此，贾诩向张绣提出了一个策略，建议他率领部队驻扎于宛城，表面上协助刘表守护荆州的北部边疆，实际上也解决了自己军队的补给问题，实现了一石二鸟的效果。

贾诩进一步指出，局势的变幻难以预测，必须随机应变。他提出，一旦未来有任何变化，将根据实际情况来制定相应的策略。张绣听后，认为贾诩的建议非常合理，于是决定按照他的计划行事。结果证明，这一策略确实有效，张绣所面临的难题因此得到了顺利解决。贾诩的智谋确实令人钦佩。

二、干翻曹操

建安二年（197）春季，曹操将注意力转向了荆州，计划对刘表采取行动。在宛城驻守的张绣，自然成了他首先要清除的目标。

曹操亲自带领大军抵达淯水（今称白河，流经南阳地区），与张绣的军队在河的两岸形成了对峙之势。

在那个群雄割据的时代，尽管张绣的势力并不算强大，但贾诩的辅佐使得曹操不得不对他保持警惕。

第三章 归附张绣 智计频出

同时,曹操采纳了郭嘉的高明策略,巧妙地将大将军的头衔让给了袁绍,并促使司空张喜以健康问题为由辞职,从而自己顺理成章地接任了司空的职位,而太尉一职则暂时空缺。这些消息传到了张绣那里,引起了他的关注,他急忙向贾诩咨询:"现在曹操已经升为司空,他接下来会有什么动作?"

贾诩沉着冷静,不急不缓地分析说:"曹操必定会以尊奉天子之名,行讨伐逆臣之实,以此来为其出兵的行动正名。"

张绣进一步追问:"那么他首先会针对哪个地方?"

贾诩立刻回答:"自然是您所控制的南阳地区。"

面对这样的紧张局面,张绣感到极度焦虑:"我们南阳该如何是好?"

贾诩坚定而诚恳地建议:"主动投降,才是最好的选择。"

张绣听后感到震惊,不解地问:"为何您会这么说?"

贾诩反问道:"如果曹操大举进攻,直指南阳,您能抵抗得住吗?"

张绣无奈摇头并承认:"我无法做到。"

贾诩继续问:"如果曹军如洪水般涌来,您能独自支撑吗?"

张绣再次苦笑坦白:"我确实无力回天。"

贾诩于是诚恳地劝告："既然如此，除了归顺，我们还有其他的选择吗？"

张绣满怀忧虑地提出："投降之后，我们岂不是要忍受许多不公？"

贾诩坦率地回应："确实，投降可能伴随着许多难以下咽的苦涩。但如果连这些小委屈都不愿意承受，那么面临的就只有灭亡。"

张绣进一步询问："那在我们投降之后，会不会受到他人的欺辱？"

贾诩沉思了一会儿，然后平静地说："这很难预测。但您可以忍受委屈，却不容许被欺辱。如果他们真的过分欺凌，那就是他们的过错，那时我们再寻找对策也为时不晚。"

曹操根据郭嘉的计策，率领军队直接向张绣进军。当大军刚刚到达宛城东侧的淯水河边时，张绣已经决定投降。对于这个突如其来的胜利，曹操虽然内心感到高兴，但也不免有些怀疑，特别是考虑到张绣营中有像贾诩这样狡猾且足智多谋的人。

然而，张绣很快就打消了曹操对自己的疑虑。他坦率地告诉曹操，投降正是贾诩的建议，并转述了贾诩的话，只是省略了其

第三章 归附张绣 智计频出

中关于忍受委屈和被欺凌的部分。这番话，包括郗虑、郭嘉在内的众人都认为情感真挚，合理可信。毕竟，能够认清形势的人才是真正的英雄，这是从古至今的真理。

曹操选择在淯水的东岸安营扎寨，只带着少数心腹进入宛城，前往南阳太守的官邸参加宴会。在宴会上，南阳太守所提供的菜肴精美绝伦，令人赞赏，曹操也吃得非常享受，并评论道："如果袁绍在此，他必定会称赞这位厨师是全国最好的。"这让张绣感到十分欣慰。这时，坐在最末位的贾诩也发言："不敢说是全国第一，但在南阳，确实无人能出其右。"

听到这话，曹操含笑询问："贾诩如此盛赞，我倒想知道是哪位非凡之人。"张绣稍作犹豫，随后建议让那位厨师前来见曹操。

出人意料的是，这位备受称赞的厨师竟然是一位年轻的已婚女子。她拥有汉族女性的面容和身形，却身着匈奴样式的紧身窄袖长衣，腰间系着匈奴人爱用的腰带，更显得风姿绰约。曹操历经世事，见过众多人物，虽然身边不乏女性，但能让他一见倾心的却极为稀少。他心中不禁赞叹：这身段，简直堪比赵飞燕，必定触感非凡。

就在此刻，张绣轻声呼唤："司空。"曹操回过神来，张绣迅速介绍："这是我的婶婶，张济的遗孀。"从年龄来看，她更像是张济的续弦。曹操礼貌地回应："宣威侯真是周到，让人感到非常亲近。"但他内心波涛起伏，回忆起武皇帝初见卫子夫时的急切心情。遗憾的是，南阳太守府并非平阳公主府，不能随心所欲。于是，曹操只好以闲聊的方式询问："不知夫人是何方人氏？"张绣代为回答："婶婶是南阳本地人。"原来，她是张济到宛城后所娶。

曹操注视着张绣婶婶那套充满匈奴风情的服饰，误以为她来自凉州地区。张绣迅速澄清，虽然婶婶是南阳本地人，但她对北方的文化特别感兴趣。曹操对此赞声连连，认为这顿饭融合了各地的特色，别具一格。他心中对某道特别的菜肴特别喜爱，于是转向张绣，提出建议："如果能够搭配我的九酿春酒，那将是绝配。明天我在营地设宴回请，不知可否借用贵府的厨师？"

借厨师？这无异于老虎借猪。

听到曹操的提议，张绣内心感到有些纠结，但他的婶婶并没有提出异议。贾诩注意到了这一情况，便代表张绣回应说："按照礼节，我们理应接受。"紧接着，他顺势提出了一个请求："考

第三章　归附张绣　智计频出

虑到在长安共事的旧日情谊,不知可否在明天的宴会结束后,与郗侍中(郗虑)重温旧情?"曹操心情愉悦,立刻同意了这个请求。

第二天,曹操营中的宴会气氛热烈,宾主都尽情享乐,直到夜幕降临。士兵们带着醉意,而张绣的婶婶没有出席,也无人谈及前一晚的事件。宴会散后,郗虑与贾诩一同来到营地外一处风景优美的山坡。在夕阳的余晖中,两人心情愉悦。

但是,郗虑注意到营地周围有些不寻常的动静,心中不免产生了疑问。他坦率地向贾诩提出质疑:"你们真的是诚心归降,还是别有用心?"

贾诩带着微笑,平和地反问:"您为何会产生这样的疑问呢?"

郗虑的视线紧锁山下,那里张绣的部队正在迅速地打包营地物品,车辆装得满满当当,士兵们披挂整齐,这显然不是一次普通的撤退。"如果不是有诡计,他们为什么会突然这样做?"他表示了自己的怀疑。

贾诩面带笑意,平静地回答:"他们只是在返回宛城。"

"为什么要在晚上行军?"郗虑继续追问。

"留在这儿难道不会不方便吗？"贾诩反问。

"那他们为什么还要全副武装？"郗虑的疑虑加深。

"因为车辆不够，他们只能身穿铠甲，手持武器。"贾诩解释。

"但他们似乎打算从我们的营地前通过，这是为什么？"郗虑感到困惑。

"因为那条路是最短的路径。"贾诩的回答直截了当。

"司空知道这件事吗？"郗虑又问。

"他当然知道，没有司空的同意，谁敢轻举妄动？"贾诩的声调中带有一丝难以察觉的讥讽。

郗虑心中一紧，站起身来："不好意思，我必须回去查看一下。"

贾诩阻止了他的脚步："不用这么急。今天发生的事，我可以坦诚地告诉你。我们确实是真诚地想要投降，但是司空做得太过分了。我曾经对宣威侯说过，我们可以忍受一些不公，但不能被欺凌。现在，我们只能选择反抗。"贾诩说到这里，轻蔑地笑了笑："你觉得我会就这样放你走吗？"话音刚落，他拿起郗虑面前的酒杯，猛地将酒水泼洒出去。

第三章 归附张绣 智计频出

郗虑没有防备，立刻昏迷倒地。

在军营发生火灾之前，军师祭酒郭嘉已在曹操的大帐外焦急等待了许久。尽管如此，许褚手持巨斧，坚决守卫在帐门前，不肯让郭嘉进入，脸上流露出明显的为难表情。郭嘉虽然明白其中的原因，却也无计可施，只能在外面焦急地来回踱步。

宴会结束后，张绣的婶婶并没有和其他人一起返回城中，郭嘉自然察觉到了其中的微妙之处。对于昨晚的事情，可能她并没有完全拒绝，双方或许都有各自的需求。但即便如此，考虑到对方是位寡妇，仍需保持适当的礼节，尤其是张济曾担任过骠骑将军的职位。如果轻易地将他的遗孀纳入曹操的帐下，那么刚刚投降的张绣会作何感想呢？

另外，曹操在处理另一件事上也显得考虑不周。张绣麾下有一位名叫胡车儿的勇士，因卓越的武艺而受到曹操的青睐，曹操甚至亲自赠予他礼物。郭嘉注意到，张绣对此表现出不寻常的神色。毕竟，部将的变节与寡妇的再嫁不可相提并论，前者直接关系到生死存亡。

郭嘉虽然心有忧虑，但也明白过分焦虑无济于事。在确认曹操的盔甲和武器近在咫尺后，他告诉许褚，自己预感今夜可能会有变故，于是两人一同守卫在大帐的入口。果不其然，不久之后，张绣的部队如洪水般涌来，军营内立刻陷入混乱。

郭嘉见状，立刻冲进帐内。与此同时，曹操的长子曹昂也带领一队轻装骑兵疾驰而至。许褚挥舞着手中大斧，所向披靡，敌人纷纷倒地。在郭嘉的陪同下，曹操怒气冲冲地走到帐外。此时，许褚又连续砍倒数名敌兵，使得张绣的士兵一时间不敢轻易靠近。

危急时刻，曹昂高声疾呼："父亲速离，我将殿后！"听到儿子的话，曹操冷静地指示："昂儿，保持镇定！"这时，郭嘉已将战马牵至跟前，曹操迅速抓住马鞍，矫健地跃上战马，愤然质问："谁敢造反？谁是这场叛乱的主谋？"

在张绣的军队中，胡车儿骑在马背上，决然回应："正是我。"曹操听后一怔，困惑地询问："我待你不薄，为何要背叛？"胡车儿面无惧色，坚定地回答："我忠于宣威侯，不会被轻易挑拨。"话音刚落，他拉弓射箭，直指曹操。曹操避之不及，右臂被箭射中，从马上跌落。

目睹此景，曹昂立刻下令："仲康，立刻护送司空和军师撤退！"许褚听到命令，立刻抛下大斧，抱起曹操置于马上，并将

第三章 归附张绣 智计频出

缰绳递给他。郭嘉也迅速上马,准备逃离战场。

此刻,张绣的步兵部队已将他们团团围住,许褚展现出了惊人的勇力,他抓住两名敌兵相互撞击,随后将他们的尸体投掷出去,重新拿起大斧,确保曹操和郭嘉能够安全撤退。张绣的兵士被许褚的勇猛所吓到,纷纷避开道路,转而将曹昂他们围住。

曹昂大喝一声,拔出剑冲入敌群,奋勇作战。而在军营内,火势迅速扩散,火光映红了天际。

在许褚的勇敢保护下,曹操边战边退,最终突破了包围圈,成功逃生。但是,当他们行进至路途中的一个拐角时,却惊讶地发现路中间放置着用来阻挡马匹的木桩。在木桩旁,两人扶着昏迷的郝虑站立,贾诩手持利剑,威严地站立着,大声命令道:"停下!"

曹操冷冷地注视着前方,嘴角露出一丝讥讽的笑容:"果然是你,贾诩,你还是那么狡猾多端。"

贾诩听到这话,恭敬地拱手回礼,谦逊地回答:"曹公言重了。"

曹操眉头紧锁,大声喝道:"让路!"

贾诩却没有丝毫退让,反而将剑锋对准了郝虑的喉咙,警告

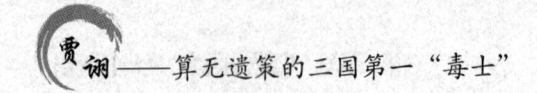

说："谁要是敢再靠近，就别怪我手下无情！"

曹操轻蔑地冷哼一声："哼，这种把戏对我没用！我早有命令，遇到绑架，不必顾及人质生死。"

贾诩大笑："那如果曹公自己成了人质，还能这么不在乎吗？曹公真的以为我是一个人来的？告诉你，我埋伏的人就藏在周围的树林里。"

曹操眼神紧缩，低声询问："你到底带了多少人？"

贾诩露出神秘的笑容："这个嘛，就不透露给曹公了，请曹公自己猜猜看。"

曹操皱眉，继续追问："那你究竟想要做什么？"

贾诩平静地说："其实没什么，只是想和曹公谈谈。曹公可能好奇我们为何先投降后又反叛。原因很简单，投降是因为力量不足，反叛是因为感到不公。曹公现在权势滔天，自然难以理解投降者的苦衷。不过，这些话现在已经说完，曹公可以离开了。请先派两个人把御史中丞郗虑送回去，他现在还昏迷不醒。"

话音刚落，两名士兵小心翼翼地将郗虑扶上了马。

曹操心中充满好奇，不禁发问："文和，你究竟是何许人也？"

第三章　归附张绣　智计频出

贾诩坦率地回答:"我贾诩无非是个无大志向之人,在乱世中只求生存。偶尔介入一些琐事,虽有些计谋,也不过是闲来无事。我行事从不赶尽杀绝,总留有余地,为将来可能的重逢留下可能。"

曹操微微一笑:"那我们将来还会不会再见面?"

贾诩同样报以微笑:"世事难料,再说,曹公怎会轻易放弃南阳?"

曹操的表情变得严肃:"若再相遇,恐怕又是战场相见。"

贾诩点头表示同意:"这是不可避免的。曹公还有其他疑问吗?"

曹操思索了一会儿,提出了问题:"张绣现在身在何处?"

贾诩回答:"宣威侯感到羞愧,不便亲自来送行,请曹公自行离开。"

说完,贾诩让开了道路,其他人迅速移除了木桩,退到路边。

曹操骑马准备离开,就在此刻,贾诩突然提高了声音呼唤:"曹公!"

曹操拉住缰绳,转头疑惑地看向贾诩。

贾诩——算无遗策的三国第一"毒士"

贾诩带着关心的语气说:"曹公,您不妨先到前方的村落中处理一下箭伤,那里有医术高明的医生。虽然带着箭伤行军显得英勇,但实则太过冒险。"注意到曹操不以为然的冷哼,他继续补充:"另外,还有一件事需要提醒您,袁术在淮南正蓄势待发,恐怕不久将会自立为帝。"

在宛城那片硝烟弥漫的战场之上,曹操遭遇了巨大的损失,他失去了嫡长子曹昂、侄子曹安民以及他的卫队中勇猛的将领典韦。典韦在民间故事中享有极高的声誉,有着"一吕二赵三典韦"的排名,被认为是天下第三的勇士,然而,他最终因贾诩的策略而英勇牺牲。

曹操抑制着内心的悲痛返回许都,首先处理了袁术自立为帝的荒唐行为。

随着时间推移,到了十一月,这是一个寒风刺骨、万物萧条的冬季。在淯水河边,气氛显得格外肃穆,曹操在这里建立了一座庄重的祭坛,上面摆满了为国家献出生命的战士们的灵位。这位乱世中的雄主,准备在此举行一场隆重的纪念仪式,以纪念那些为了他的雄图大业而献身的英勇之士。

在寒风中,白色的祭幡轻轻飘扬,悲伤的音乐在空中回旋,

第三章　归附张绣　智计频出

整个祭坛被一种悲伤而庄重的氛围所包围。参加仪式的人们身着朴素的白衣，没有繁复的头饰，没有坚固的头盔，仅佩戴着简朴的白头巾，他们恭敬地跪在灵位前，内心充满了对逝去英雄的敬意。

此时，司仪郗虑站出来，他那庄严的声音在寒风中回荡："鞠躬！"随着他的号令，所有人齐刷刷地低下头，向逝者表达哀悼。"再次鞠躬！""三次鞠躬！"每一条指令都伴随着众人深深的鞠躬，场面既庄重又令人动容。直到郗虑宣布："仪式结束！起立！"参与者们才慢慢直起身，但他们的目光中依旧流露出对逝者的思念和尊敬。

这次祭奠不仅是对逝去英雄的追忆，也是对生者的鼓舞。曹操深知，正是这些英勇的战士用他们的鲜血和生命为他铺平了通往霸业的道路。他将继续前进，为了那未完成的事业，为了那些已逝的英灵。

紧接着，郗虑以恭敬的姿态请求指示："请司空讲话！"曹操稳步登上祭坛，目光坚毅地环视在场的每一个人，然后沉稳地说道："在宛城之战中，张绣听从了贾诩的计策，先是投降随后反叛，这导致我军遭受了巨大的损失，战士们的鲜血染红了河流,我的长子也在这场战斗中英勇地献出了生命。我们绝不能允许这样的悲剧重演。因此,今天在这些英灵面前,我们必须找出应对此事负责的人,以示警戒。"

听到这些话,郤虑立刻跪下,自责地说:"这是我的失职,请让我承担罪责。"但曹操摇了摇头,回答说:"叙旧何罪之有?是我命令大家尽情饮酒,而你并未饮酒。"随后,郭嘉也跪下请求惩罚,但曹操阻止了他:"奉孝你的警觉性非常高,如果不是你及时提醒,我可能已经丧命。你并无罪责。"

此刻,许褚跪在地上,正准备请求惩罚,却被曹操阻止了。曹操说:"仲康从始至终都没有饮酒,始终坚守在我的营帐前,几乎牺牲了自己。这是忠诚尽责的楷模,如果连这样的功臣也要承担责任,那真是天理不容!"曹操的话语里满是对许褚的赞扬和认可。

在场的众人听到这番话后,彼此交换着困惑的眼神,心中充满了疑问:责任究竟应当由谁来承担呢?

曹操的目光锐利如刀,逐一审视着在场的众人,他的声音低沉而有力:"你们每个人心中都清楚应当追究谁的责任,为何无人敢于开口?"他稍作停顿,然后用坚定的语气继续说道:"那

第三章　归附张绣　智计频出

么，就让我直截了当地说吧，那个应当被追究责任的人就是我曹操。如果不是因为我在决策和指挥上的错误，我们又怎会陷入这样的境地？仲康听命，立刻将我这个罪魁祸首正法于此地！"

曹操的话音刚落，所有人纷纷跪下，异口同声地高呼："司空！"

曹操轻轻挥手，让大家平静下来，他的声音平静而温和："各位无需过于哀痛。奉孝（郭嘉）的智谋无人能及，鸿豫（郗虑）坦率直言，元让（夏侯惇）有无畏勇气，子廉（曹洪）屡战屡胜，文若（荀彧）忠诚为国，公仁（董昭）稳重老练。有这么多杰出的英雄豪杰齐心协力支持皇帝，我的个人生死又何足道哉？维护汉室的荣耀，稳定天下的使命，就交托给大家了。"话毕，他深深地鞠了一躬。

见到曹操的举动，众人纷纷发出哀叹，不愿接受曹操做出这样的牺牲。

曹操再次高声催促："仲康，还等什么？"

就在此刻，一道身影从人群中坚定地站了出来，那是杨修。他父亲的经历让他这个曾经的贵公子迅速成长。他明白曹操这样做既是为了整肃军纪，也是在赢取人心。尽管众人知道这是收买，但他们仍然心甘情愿，甚至感到动容。这就是曹操的魅力，也让杨修深感钦佩。然而，此刻曹操却将自己置于险境，杨修必须表明立场，同时也要为曹操找到一个合适的出路。

曹操冷冷地看着杨修，调侃地叫他的表字："杨德祖，你也想掺和进来吗？宛城之战你并未参与，这件事与你有何关联？"

杨修冷静回应："古人有云，刑不上大夫……"

"无稽之谈！"曹操打断他，"即便是王公贵族犯罪也与百姓同罪，更何况是我？"

杨修心中一沉，意识到这个理由显然不成立。他回想起父亲被带走时的告诫：不要为他求情。不求情，或许还有转机。曹操追求的是公正无私，那么就必须找到一个既能够惩罚又能保全面子的解决方案。

办法！办法！办法！

杨修突然想到了一个办法："国家不能一日无主，军队不能一日无将。请司空以剪发代替斩首，以此作为惩罚的象征！"说完，他立刻跪下，深深地叩了一个响头。

郭嘉立刻反应过来，迅速表示赞同："以剪发代替斩首！"

紧接着，郗虑、曹洪、夏侯惇等也纷纷加入了赞同的行列：

第三章　归附张绣　智计频出

"以剪发代替斩首！"

大家的声音汇聚成一股强大的力量，场面一度达到了高潮。

曹操沉思了一会儿，用深邃的目光凝视着杨修。杨修也毫不畏惧地抬起头，与曹操的目光相对。他们彼此心中都清楚，已经理解了对方的意图。

曹操下达命令："仲康，执行！"他慢慢跪下，合上了眼睛，脸上带着一种坚毅和平静的表情。许褚立刻果断地挥动刀刃，曹操的头巾和头发一同被削落，在空中飘散，好似黑色的雪花。祭台之下，众人齐声赞颂，褒扬之声犹如山呼海啸般："司空大人执法严明，公平无偏！"

曹操随后缓缓站起，从郗虑那里取过头盔，轻轻地戴在了自己被削发的头上，虽然样子看起来有点可笑，但他的表情十分从容。"虽然头颅得以保留，但过失必须正视。"他以严肃的口吻说道，"在张绣投降时，我应该要求他交出家人作为保证，以确保其忠诚。我们都必须记住，疏忽大意往往是失败的根源。"

这时，曹洪低声对夏侯惇说："宛城的失败，真的只是因为这个吗？"夏侯惇微微摇头，轻声回答："他能主动承认错误已经很难得了，还能指望他说什么呢？"

曹操的目光扫过祭坛下的众人，仿佛看穿了一切。"元让、子廉，你们俩在小声讨论什么呢？难道以为我还没认识到自己的错误？"他的话中带着一丝玩笑，但也透露出威严，"贾诩那家伙极其狡诈，临走时故意提起袁术自立为帝的事，以为这样我就不会对他采取行动。真是妄想！我偏偏要去，而且不会拖延，你们就等着瞧吧。"

曹操说到做到，他迅速攻占了湖阳和舞阴，然后便带领军队返回朝廷。

三、败兵取胜之计

贾诩清楚地意识到先前的胜利仅仅是偶然，未来仍然充满了挑战。因此，他强烈建议张绣与荆州的刘表重建友好关系，共同防范曹操可能发起的再次攻击。在致刘表的书信中，贾诩用诚恳而充满文学色彩的语言，大力颂扬了刘表的明智治理和非凡才干，并倡议双方联合起来，共同策划恢复汉室的宏伟蓝图。

仅数月之后，即建安三年（198）三月，曹操决然发动了对张绣的军事行动。这是曹操第三次南下征讨张绣，但开局并不顺利，险些遭遇重大挫败。对于这次南征，存在许多反对声音。据

第三章　归附张绣　智计频出

《三国志·魏书·荀彧荀攸贾诩传》记载，当时的军师荀攸就曾向曹操提出，尽管张绣和刘表在贾诩的推动下结成了同盟，但他们之间并不同心同德。张绣依赖刘表供给军粮，而刘表供给困难，双方的关系不会持久。荀攸建议曹操暂时按兵不动，等待他们内部瓦解（不如暂缓军事行动，以诱敌深入）。如果过于急迫，刘表必定会出兵援助张绣。

然而，曹操并未接受荀攸的意见，到了三月，他的大军已经将穰城团团围住，士气高涨，而刘表也如预期般出兵，对曹操形成了一定的威胁。这场围攻持续到五月，曹操不得不匆忙撤兵。

当曹操的军队开始撤退时，张绣计划追击。这时，贾诩迅速提出警告，他说："不应该轻率追击，否则很可能会遭遇失败。"但张绣没有听从贾诩的劝告，坚持自己的决定，对曹操发起了追击。最终，事情的发展正如贾诩预测的那样，张绣的军队遭受了重大的失败。

在军队遭遇挫败后，张绣狼狈地退回到自己的营地。他刚一进入营门，贾诩就立刻迎上前来。贾诩又一次提出了建议："先别回营，现在应该立刻重新组织部队，再次发起追击，这次我们必将取得胜利。"尽管张绣内心有所犹豫，但他最终决定采纳贾诩的建议。结果出人意料，张绣的军队在随后的追击中确实取得了压倒性的胜利。

《三国志·魏书·荀彧荀攸贾诩传》中把贾诩的分析记载得很详细：

> 太祖比征之，一朝引军退，绣自追之。诩谓绣曰："不可追也，追必败。"绣不从，进兵交战，大败而还。
>
> 诩谓绣曰："促更追之，更战必胜。"绣谢曰："不用公言，以至于此。今已败，奈何复追？"诩曰："兵势有变，亟往必利。"绣信之，遂收散卒赴追，大战，果以胜还。

事后，张绣对贾诩的策略感到困惑，他询问贾诩："我之前用精锐部队追击撤退的敌军，您说我们会失败；现在用败军追击胜利的敌军，却又取得了胜利。每次您的预言都成真，这是什么道理？"

贾诩微笑着向张绣解释，其实道理并不复杂。虽然将军英勇，但在用兵上还是不如曹操。曹操撤退时必定会亲自掩护，我们难以匹敌。况且曹操围攻穰城，既没有失误，也不是力不从

第三章 归附张绣 智计频出

心。他突然停止战斗,一定是后方出现了问题。因此,在击败我军之后,他必然急于轻装前进,迅速返回许都。那些落在后面的队伍,自然就成了将军的囊中之物。

贾诩的推测完全正确。实际上,曹操之所以急忙撤军,确实是因为内部出现了紧急情况。根据《三国志·魏书·武帝纪》中裴松之引用的《献帝春秋》记载,曹操收到了情报,袁绍的谋士田丰建议袁绍利用曹操南征的机会,突袭许县,以"挟天子以令诸侯,四海可指麾而定"。这无疑是极其重大的事件,曹操不得不放弃对张绣的追击。然而,正如贾诩所预料的,曹操的撤退是有计划、有组织的,并且是分步骤进行的,因此在撤退过程中他还设下了伏兵。

在三次对抗张绣的战役中,贾诩扮演了至关重要的角色。张绣对贾诩的策略和预见能力表示出了极高的赞赏,他诚恳地说:"贾先生真是神机妙算,我张绣完全信服。"紧接着,张绣又带着一丝忧虑询问曹操的下一步行动:"但是,曹操解决了他的内部问题后,会不会再次对我们发起攻击?"

听到张绣的疑问,贾诩冷静地否定了这个可能性,回答说:"不会,至少目前还不会。"

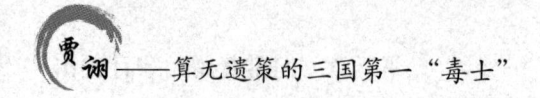

张绣感到困惑，继续询问原因："为什么这样说？"

贾诩给出了他的分析："事不过三，曹操目前的主要对手是吕布，他没有多余的精力来对付我们。"

贾诩的谋略和洞察力不仅仅体现在他对战场变化的敏锐感知上，更体现在他对人性深层次变化的精准把握上，这使得他能够制定出战胜敌人的巧妙计策。在与曹操的这场斗争中，贾诩的智慧为张绣争取到了宝贵的喘息之机，同时也为历史留下了一段令人称奇的佳话。

四、劝张归曹之计

在那场发生在宛城淯水，战火纷飞的激烈战斗中，张绣依靠贾诩那出人意料、巧妙至极的策略，对曹操发起了突袭，使其仓皇败退，甚至失去了长子曹昂、侄子曹安民以及亲信将领典韦。这场战斗不仅使曹操遭受了亲人和爱将的死亡，还使得双方的敌意愈浓，几乎变得势不两立。

建安五年（200），曹操与袁绍在官渡进行了一场关键的决战，战况复杂，难以预测，其结果对双方都具有重大意义。袁绍依靠其强大的军力和充足的物资，从表面上看占据了优势；而曹

第三章 归附张绣 智计频出

操相比之下则显得力量薄弱，处于下风。这种战局无疑为张绣的投降之路增加了不确定性和挑战。

北方的统治者袁绍，向张绣发出了和好的信号，意欲拉拢张绣加入自己的阵营，一同对抗曹操。面对袁绍的提议，张绣内心有所动摇，正当他准备接受时，贾诩却坚决地介入，直接在张绣面前拒绝了袁绍的使者。贾诩凭借其敏锐的洞察力和独到的见解，向张绣详细解释了袁绍与曹操之间的复杂关系，并阐述了选择与曹操结盟的三大优势。

当贾诩建议张绣向曹操投降时，张绣的脸上显露出深深的忧虑和忐忑。他首先担忧的是，自己与曹操之间存在着深仇大恨，曹操怎么可能轻易地接受自己？他担心一旦投降，可能会遭到曹操的惩罚和报复。其次，袁绍的势力正盛，如果此时背弃与袁绍的联盟转投曹操，一旦袁绍得知，必定会大发雷霆，自己又将如何应对这种可能突然爆发的危机？

针对张绣的疑虑和担心，贾诩细致地进行了分析："首先，曹操以天子之名号令诸侯，其政治地位无人能出其右。若我们选择与他站在一起，自然能在政治上获得正当性，占据道义的高地。其次，袁绍虽然兵力强盛，势力庞大，但我们若投靠他，未必能得到足够的重视，可能仅被视为众多附庸之一。相反，曹操兵力相对较弱，急需援助，我们此时归顺，将成为他宝贵的盟友，我们的地位也将随之提升。最后，正值曹操与袁绍决战之际，曹操亟须展现自己的宽容和气量，表明自己能够放下旧怨、广泛招揽人才。这不仅是他一个人的戏，您与他的旧怨正好出现了一个消解的机会，让您成为这出戏的一部分，与他共同完成这段传奇。您必将获得丰厚的回报。"

贾诩的话语让张绣豁然开朗，他立刻洞悉了其中的利弊。于是，张绣毫不犹豫地采纳了贾诩的提议，决定带领部下投降曹操。

当曹操听闻张绣投降的消息时，内心充满了喜悦，果真将与张绣之间的个人恩怨搁置一旁，亲自会见了贾诩。在会见时，曹操以深沉的语气表达了自己的观点："我过去多次提出'君主治世，不计前嫌'的观点，但鲜有人信服。今日，您通过实际行动证实了我的主张，也使我的名声得以在四海传扬。"

为了嘉奖贾诩的贡献，曹操授予他执金吾的职位，封他为都亭侯，并且提拔他为冀州牧。但由于冀州当时还被袁绍控制，贾诩便留在司空府中继续担任军事顾问，为曹操提供策略和建议。

第三章 归附张绣 智计频出

同时，为了展示招降纳叛的效果，曹操特意任命张绣为扬武将军，并给予他极大的尊敬。此外，曹操还安排自己的儿子曹均与张绣的女儿结婚，通过联姻来加强双方的联盟关系。

这一历史事件彰显了贾诩的策略与洞察力。张绣实际上是在迷茫中投降的，而曹操和贾诩却心知肚明，彼此心照不宣。这两位对政治的领悟太深刻了。他们都知道一个真理：天下之争，终究是人心之争。赢得人心者得天下，失去人心者失去天下。要赢得人心，就必须展现出宽容的胸怀和一种不追究过往的态度，哪怕只是表面上的，也必须做得逼真。这就需要树立一个典范，一个样板，一个楷模。楷模的影响力是巨大的，它胜过千言万语。张绣正是成为这样一个典范的最佳人选。他与曹操多次交锋，每次都让曹操败退。他与曹操有着深仇大恨，且曾是反复无常的投降者。连这样的人都能被曹操包容，还有什么人不能被包容呢？连这样的人都能被曹操信任，还有什么人不能被信任呢？相对地，袁绍连自己的兄弟都不信任，又怎能期待天下人归顺于他呢？

张绣的归降恰逢其时。曹操以天子之名号令诸侯不过三年，天下对他的不服之声不绝于耳。他的个人声誉也饱受争议。后来，陈琳为袁绍撰写的讨伐曹操的檄文，对他极尽辱骂之能事，指责他毫无道德，不过是鹰犬之才，甚至称"纵观古今书籍，所载贪婪残暴无道之臣，以曹操为最"，将他描绘为天下第一大恶人。这类文章往往是欲加之罪，何患无辞，难免有夸大其词之处，但有些事情，恐怕并非无中生有，曹操自己也难以辩解。比如他杀害边让、屠戮徐州的行径，就是无法抹去的污点。汉献帝初平四年（193）秋季，曹操亲自率领大军直扑徐州，为被徐州牧陶谦部将张闿抢劫并杀害的父亲曹嵩和弟弟曹德报仇。陶谦逃至郯城（今山东省郯城县），曹操便对徐州百姓发泄怒火，放纵士兵滥杀无辜，仅一次就在泗水边"坑杀男女数万口"，泗水为之堵塞不流。徐州许多城池被毁至"无复形迹"，甚至连鸡犬都被杀绝，简直是惨绝人寰。因此，当曹操计划再次征讨徐州时，荀彧断言徐州军民必将因为上次的屠杀太过残酷，拼死抵抗，决不投降。的确，曹操这次的报复过于极端。陶谦即便罪孽深重，也只需惩罚他本人或其党羽，与普通百姓何干？如此滥杀无辜，岂不是丧心病狂？

因此，曹操急需一个机会来彰显自己的宽容和崇高品德。他需要一个实例来证实自己能够容纳他人和具有仁慈之心。张绣的

第三章 归附张绣 智计频出

归降对他来说是一个意外的惊喜。于是,曹操不仅立刻展现了对过去的恩怨完全放下的态度,而且始终表现出对张绣的深厚信任,给予张绣的赏赐也总是比给予其他将领的更为丰厚。最终,张绣被封赏了两千户,而其他将领中没有人得到的封赏超过一千户。

建安十年(205),张绣伴随曹操征战南皮,并成功击败了袁谭的军队,因此被曹操封赏,获得了两千户的封地。自东汉末年,军阀间的混战造成了大量的军民死伤,同时社会动荡也使得众多百姓无家可归,导致政府直接掌控的户籍人口急剧减少。在这样的社会背景下,曹操麾下因功勋获得千户以上封地的将领寥寥无几,张绣却例外地获得了两千户的封赏,这种特别的待遇在当时极为罕见,充分显示了曹操对张绣个人才能及其所做贡献的高度认可。

在东汉末年三国鼎立的混乱时期,张绣的势力在众多军阀中扮演了关键角色,成为各方势力争夺的对象,具有一定的自立能力。然而,不可否认的是,张绣的势力从未能发展成为一个独立的军阀派系,总是需要依赖于更强大的军阀以获得物资支持和生存空间。

张绣在其一生中多次更换效忠对象，起初跟随叔父张济与刘表对抗，战败后归顺刘表，不久又背弃刘表转投曹操，很快又反叛曹操重新投靠刘表，一年后又决定重新归顺曹操。从建安元年至建安四年（196—199）的四年间，张绣四次更换了效忠的主人。张绣最大的优势在于从叔父张济那里继承了一支勇猛善战的西凉军队，但他缺乏皇家正统势力的支持，也没有显赫的家族背景，这使得他始终无法拥有一块真正属于自己的领土。

为了保证从凉州带来的势力的生存与发展，张绣不得不在各大军阀之间进行巧妙的周旋。从表面上看，张绣似乎没有远大的抱负，愿意忍受寄人篱下的生活，但实际上，这正显示了他非凡的能力。尽管张绣多次更换效忠对象，但他在建安元年至建安四年（196—199）期间四次改变立场，表面上看似反复无常，实则是在全面考虑，审时度势，权衡利弊，静待时机。在官渡之战爆发前，张绣抓住了历史的机遇，最终选择归顺曹操，此后他跟随曹操，建立了卓越的功勋，声名显赫，自身势力也因此得到了进一步的壮大和发展。

关于张绣的最终命运，我们可以稍作说明。建安十二年（207），张绣随曹操出征柳城对抗乌桓，在行军途中不幸去世。

第三章 归附张绣 智计频出

张绣去世后,被追封为定侯,其子张泉继承了爵位。关于张绣的具体死因,史书记载不详,普遍认为张绣在随军途中突患疾病而死;另一种观点认为曹丕因兄长曹昂之死对张绣怀恨在心,在一次宴会上借酒羞辱张绣,导致张绣因无法承受精神压力而自尽。然而,关于张绣被迫自杀的说法,目前缺乏确凿证据。到了建安二十四年(219),张绣之子张泉因涉入魏讽谋反案被曹丕处死,这一点是有史可查的,这也让人怀疑曹丕是否在公报私仇。尽管如此,张绣在晚年与曹操有过密切合作,这是不可否认的事实。

第四章
归附曹操

一、第一份大礼

贾诩归顺曹操后,立即献上了一份厚礼——张绣,这股势力不容忽视。这一举措不仅为张绣找到了理想的归宿,也为曹操的雄图大业增添了一块至关重要的拼图。

谈到官渡之战,它是三国时期的一个重要战役,对于曹操确立北方的统治地位起到了决定性作用,对后来的三国格局产生了深远的影响。

在深入探讨这场战争之前,有必要先概述当时的军事格局,以便大家对那个时期错综复杂的势力分布有一个基本的认识。让我们以建安四年(199)为起点,那时的局势大致如下:

首先,袁绍这位权势人物已经击败了公孙瓒,控制了青州、冀州、并州和幽州,人口众多,军队强大,无疑是当时最强大的军事领袖。

让我们转向曹操,他同样不甘落后。在建安三年的年末(公

第四章 归附曹操

元 199 年 1 月），曹操击败了吕布，控制了司隶、豫州、兖州和徐州，并顺手夺取了荆州的北部和青州的一部分，其势力仅次于袁绍。更为关键的是，曹操掌握着汉献帝，"挟天子以令诸侯"，在政治上占据了极大的优势。

除了这两位巨头，当时还有大约八股较为重要的军事力量。在北方，有辽东的公孙康、关中的马腾和韩遂、南阳的张绣、汉中的张鲁以及淮南的袁术。而在南方，则有益州的刘璋、荆州的刘表和江东的孙策。

在众多军阀之中，袁绍和曹操无疑是最引人注目的两位，他们各自怀揣着统一天下的雄心壮志，因此，他们之间的冲突似乎是不可避免的。一旦战争爆发，其他军阀也会密切关注，因为任何失误都可能将中立者推向敌对阵营，增加自己的麻烦。

在当时，公孙康据守辽东边远地区，张鲁和刘璋则位于西南边缘，难以介入中原的纷争。孙策正忙于巩固江东的势力，对于中原的事务感到力不从心。马腾和韩遂驻守关中，他们打算观望形势再作决定。刘表虽然拥有不小的势力，但缺乏扩张的野心，选择了保持中立。至于袁术，他的力量已经如同秋后的蚂蚱，难以持久。

因此，这些军阀对官渡之战大多持观望态度。然而，张绣的势力对曹操和袁绍来说极为关键。张绣的加入，不仅为曹操的阵营增加了一个重要的盟友，也为即将到来的官渡之战埋下了重要的伏笔。

张绣投降曹操，这一事件意义重大，首先它帮助曹操消除了后顾之忧，使他能够全神贯注地在官渡与袁绍对抗。当时，曹操的大本营设在许，即现在的许昌一带，属于颍川郡。而张绣的军队原本驻扎在宛，即现今的南阳地区，隶属于南阳郡。南阳与颍川接壤，历来是南方势力北上的要道。春秋战国时期，楚国北扩就是通过南阳这条路线。春秋时期，鲁庄公六年（前688），楚文王灭申，令人感慨万千，天下大局似乎已掌握在楚国之手！申国，正是位于南阳地区。

从地理战略角度分析，张绣的部队犹如悬在颍川上空的一把锋利之剑，让曹操始终感到不安。曹操曾三次发起南征，目标是消除这个心腹大患。但由于种种原因，尽管曹操竭尽全力，仍未能彻底制伏张绣。现在，随着张绣的归降，曹操不仅吸纳了那些骁勇的凉州兵，更重要的是，他巩固了自己的后方，使自己可以全心投入官渡与袁绍的决战中，无需再担心陷入双线作战的困

第四章 归附曹操

境。后续的战局发展也证实了收编张绣是一步非常明智的棋。

张绣的投降对曹操而言有诸多益处。首先，它为曹操的军队注入了新的活力。张绣带来的凉州兵，都是久经沙场的老兵，战斗力极强。而且，由于他们刚刚加入曹操麾下，为了证明自己，必定会全力以赴，这样的军队自然不容小觑。

其次，张绣的归降还帮助曹操巩固了其对南阳地区的控制。当时，袁绍派遣刘备前往汝南，与龚都联手，不断侵扰曹操的后方，并击败了曹操派遣的蔡阳。但由于张绣的投降，曹操牢牢掌握了南阳地区。刘备想要南下与刘表联合，变得不可能。袁绍也不愿意投入重兵支持刘备。因此，在官渡之战中，尽管刘备给曹操制造了一些麻烦，但始终未能动摇曹操的后方防线。

试想一下，如果张绣没有投降曹操，鉴于他们之间的旧怨，张绣很可能会与刘备结盟，趁机攻击曹操的根据地颍川。在这种情况下，官渡之战的胜负就变得难以预测了。张绣的归降无疑为曹操带来了巨大的优势，也使他离实现统一天下的宏伟目标更近了一步。

二、决胜官渡

让我们回到公元 200 年，那一年，中国历史上即将迎来一场重大的战役——官渡之战，这是三国时期三大著名战役之一。这场战役对当时的历史局势具有决定性的影响，袁绍满怀信心，决心夺取胜利；而曹操则处于背水一战的境地，压力巨大。

尽管曹操在政治上拥有优势，例如控制了皇帝以号令诸侯，但在军事实力上，他明显不如袁绍。袁绍已经击败了公孙瓒，控制了冀州、青州、并州和幽州，军队强大，人口众多，与曹操相比，可以说是占了上风。

然而，曹操是如何赢得这场战争的呢？我们需要从战役的开始逐步分析。

在建安四年（199）春季，袁绍不顾其谋士的反对，坚决调动了十万大军，气势汹汹地向许县进发，意图挑战曹操。面对这一局势，曹操迅速做出反应，立即北上迎战。到了八月，曹军跨过黄河，在黎阳（今河南省浚县东）安营扎寨。进入九月，曹操率领主力返回许县，并派遣部队驻防官渡（今河南省中牟县北）。到了年末，曹操甚至将指挥中心迁移至官渡，与袁绍隔河相望，

第四章 归附曹操

摆出了决战的态势。

官渡之战仿佛是历史舞台上精心策划的一幕剧,袁绍和曹操这两位主角已经各自就位,只待战鼓敲响,大戏便拉开序幕。

我们将细致探讨这场战役,特别是它的双方"初步接触阶段"。在这个阶段,两军开始小规模地交战,以评估对方的战斗力。袁绍作为进攻方,在汉献帝建安五年(200)二月,带领大军到达黎阳,并在那里建立了指挥中心。之后,他指派大将颜良带领先锋部队攻击白马,同时命令文丑向延津进发,但主要的攻击目标仍然是白马。

到了同年四月,白马的守将刘延由于兵力薄弱(仅三千士兵),无法抵抗袁绍的攻势,因此向官渡的曹操请求支援。曹操迅速做出反应,准备前往白马救援。然而,他的谋士荀攸提出了一个策略,即假装攻击延津,以此来迷惑袁绍。曹操接受了这个计策,袁绍果然上当,调动兵力前往延津。曹操则利用这个机会,率领主力部队公开北上,但在接近延津时突然改变路线,带领一支轻装骑兵快速突袭白马。颜良未能及时反应,最终被关羽所杀,白马的围困得以解除。

值得关注的是,在建安五年(200)的年初,发生了一件重大事件：车骑将军董承因图谋暗杀曹操失败被处死，刘备因此被迫逃亡。曹操在官渡驻扎后，曾抽时间攻打刘备，刘备战败后逃至袁绍处；关羽则被俘并投降了曹操。尽管关羽对曹操的信赖心存感激，但他仍旧怀念刘备，并计划在回报曹操之后去寻找刘备。关羽斩杀颜良，是他为曹操立下的显著功绩。

在解除白马的围困之后，曹操预料到袁绍必定会发起反击，甚至可能对白马的居民实施屠杀。因此，他带领白马的居民沿黄河向西撤退。在延津以南，曹操的部队与渡过黄河的袁军不期而遇，一场激烈的战斗即将爆发。当时，曹操的军队驻扎在一处高地，而袁绍的军队则不断涌来。哨兵不断报告敌军的规模，从最初的五六百骑兵增加到后来的无数步兵。曹操却显得十分冷静，命令部队卸下马鞍，就地休息。将领们对此感到迷惑不解，但荀攸洞察了曹操的计策，这些辎重正是吸引敌人上钩的诱饵。

不久，文丑和刘备带领五六千骑兵到达战场。当将领们询问是否应立即迎战时，曹操却认为时机未到。正如曹操所料，文丑和刘备的骑兵见到散落的辎重，纷纷下马争抢。就在这时，曹操下令攻击，战鼓和号角同时响起，六百名精锐骑兵从高地俯冲而下，对袁军发起了猛烈冲击，使其阵脚大乱。

第四章　归附曹操

这场战斗的激烈程度，甚至被《三国志》等史书详细记载，并用"大破之"来形容。在这场战斗中，袁绍麾下的大将文丑被杀（尽管是否为关羽所斩尚存疑问），而刘备则匆忙逃离战场。在曹军庆祝胜利的时候，关羽却默默地离开了，他将曹操赐予的所有奖赏封存起来，并留下一封信，踏上了寻找他那行踪飘忽的兄弟刘备的旅途。

在取得初步胜利之后，曹操并没有放松戒备。他清楚自己的军力与袁绍相比仍有不足，因此做出了一个明智的选择：放弃白马和延津，将军队撤回官渡。这一战略转移带来了几个好处：首先，它使得兵力得以集中；其次，它有助于节省军费；最后，通过引诱敌人深入，能够延长敌军的补给线，增加敌军的战争成本，从而降低敌军的胜算。从地理战略来看，白马和延津并不适合作为曹操的战场，而官渡则提供了一个更加有利的战斗环境。因此，在面对强敌的不利情况下，曹操采取了灵活的战术，即"敌进我退"，并没有过分执着于一城一地的得失。

曹操的军事才智在这一时期得到了充分的展现，他以实际行动展现了一种务实的精神，并深刻理解了一个原则："不应为了追求虚名而遭受实际的损失。"与此相反，袁绍则显得更看重表面的名声，常常沉溺于下属的奉承之中，如"势不可当""屡战屡胜"等过分赞美之词。因此，当曹操选择撤退时，袁绍却盲目地推进军队，未能识破曹操实际上是在采取一种以退为进、以守为攻的策略。

随着时间进入七月，袁绍的军队抵达了阳武。到了八月，袁军进一步逼近，直接威胁到官渡，并在沙丘一带广泛设立营地，这些营地从东到西延绵了数十里。此时，曹操已无路可退，只能选择与袁军正面对抗。战争由此进入了第二个关键阶段——"对峙阶段"。

在这一阶段，战争的技术策略性表现得淋漓尽致。战争初期，袁绍在营地内建造了高塔和土山，利用地形优势向曹营发射箭雨，造成曹军重大伤亡，士兵们不得不用盾牌保护自己（全军举盾），恐慌情绪在军中蔓延（人心惶惶）。这种状况显然不能持久，单纯的防御也不是长久之计，因此反击变得迫切。于是，曹操创新性地制造了"投石机"，能够将巨石像弹丸一样投掷到袁军营地，成功破坏了袁绍的箭塔，这种武器在当时被视作"大规模杀伤性武器"。袁军对此感到极度恐慌，称之为"天雷战车"。袁绍不愿就此认输，转而采取地道战策略，企图偷袭曹操，而曹

第四章 归附曹操

操则通过挖掘深沟进行防御,并派出精兵破坏袁军的粮道,使袁绍遭受重大损失,苦不堪言。在这两次交锋中,双方均展现出了强大的实力,胜负未分。

除了正面的战场对抗,袁绍和曹操还在敌后进行了秘密的斗争。在官渡之战期间,原本投降曹操的黄巾军将领刘辟在汝南起义,转而投靠袁绍。袁绍随即指派刘备与刘辟合作,在许县周围进行扰乱活动,但遭到曹仁军队的严厉打击,刘辟战死,刘备则迅速逃离,其逃窜速度之快,仿佛兔子一般。同时,曹操也在积极拉拢北方的乌桓力量,企图使袁绍陷入两线作战的困境。经过这一系列的行动,双方再次陷入了僵局,各有胜负,未能决出最终的胜者。

综合来看,这一阶段的战事呈现出双方势均力敌的局面,任何一方都未能获得决定性的优势。

三、一不做,二不休

战争的持续拖延对交战双方都是沉重的负担,尤其是对普通百姓造成了巨大的灾难,曹操本人也感到极度疲惫。根据《三国志·魏书·武帝纪》和《资治通鉴》的记载,在九月的某一天,曹操亲眼看到运送军粮的士兵们疲惫不堪,心中充满了同情,情不自禁地做出了承诺:在接下来的15天内,我将战胜袁绍,以解除你们的辛劳(十五日内,吾必破绍,免汝等之劳)。

曹操的这番话,是否意味着他已胜券在握?事实并非如此。实际上,他心中已开始考虑撤退,战争的沉重压力让他几近崩溃。与此同时,在许县的荀彧却坚决主张继续战斗。根据《三国志·魏书·武帝纪》的记载,荀彧在回信中指出,袁绍已经全力以赴,决心与曹操决一死战,他十分坚定,既不会轻言放弃,也不会中途退缩。荀彧分析当前局势,虽然曹操处于劣势,但只有胜利才能生存,失败则意味着灭亡,没有其他选择。荀彧进一步鼓励曹操,称他为曹公,强调这场战争关乎成败,袁绍虽然兵多,但不善于使用,而曹操则"英勇且智慧非凡",并且"持有天子的命令,征讨不忠之臣",怎能不胜?

同样地,贾诩也强烈建议曹操应该坚持到底,完成这场关键的决战。

面对军粮日益短缺,局势变得越来越紧迫,贾诩注意到了军队中饮食状况的异常,这让他产生了疑虑。他觉得是时候去拜见曹操了。

第四章　归附曹操

曹操见到贾诩，便抬起头微笑着说："文和，你来了，快来一起用餐。"

贾诩坐下后，发现餐桌上的食物确实比平时丰盛，心中充满了疑惑，于是他问道："这是何故？是不是军粮已经送到了？"

曹操回答说："不是的，今天收到的军粮，即使节约使用，也只能维持15天。"

贾诩皱着眉头，转向郭嘉问道："那么依你看，主公为何还要加餐？难道是许都的粮食充足吗？"

郭嘉摇头说："实际上仓库里粮食并不充足。自从迁都到许都后，虽然人心归附，但对天子的贡奉不能减少，加上连年战事，耕种所得难以支撑开销。"

贾诩继续追问："那从地方调集粮食的情况如何？"

郭嘉面露难色："情况不容乐观。许都以南，许多县民心有异志，部分已经投降袁绍。目前，只有阳安的李通和朗陵的赵俨仍然忠诚。但他们也遇到了困难，多次写信给文若，请求减免征粮。如果再强行征粮，恐怕粮食还没征到，那些县就已经失去了。"

贾诩思考了一会儿后说："看来，只能向商人购买粮食了。"

郭嘉点头表示同意:"确实如此。"

"那鸿豫外出,是为了购买粮食吗?"贾诩继续探询。

"是的。"郭嘉再次点头。

"他去哪里买?"贾诩追问。

"冀州。"郭嘉回答。

贾诩听后称赞道:"好计策!这样我们的粮食会增加,而袁绍的粮食则会减少。那粮食买回来了吗?"

郭嘉摇头:"还没有。"

"有把握吗?"贾诩关心地问。

郭嘉坦白说:"也没有完全的把握。"

听到这里,贾诩有些自责:"我应该去的。毕竟,我目前还担任着冀州牧的职务。"

曹操听到这些话后,只能无奈地笑了笑。贾诩见曹操这样,便决定换个话题,他转向郭嘉,问道:"奉孝,你最近有没有暗中视察过军营?士兵们的士气怎么样?"

郭嘉表情严肃地回答:"士气并不乐观。"

贾诩继续追问:"是不是非常低落?"

郭嘉摇头说:"那倒没有,只是气氛有些压抑,毕竟我们已

第四章　归附曹操

经两个月没有战斗也没有与袁军讲和,士兵们感到有些郁闷。如果这种情况持续下去,可能会引发问题。而且,士兵就像武器一样,需要经常使用和更新,否则就会变得陈旧。"

贾诩思考了一会儿,然后问:"那你认为我们现在可以出战吗?"

郭嘉坚定地回答:"不可以。"

贾诩接着问:"那我们应该怎么办?"

郭嘉提出了一个计策:"要骚扰他们。"

贾诩不明白:"你的意思是今天去放火,明天去暗杀?"

郭嘉微笑着说:"也可以是抢夺粮食。至于是否真的能抢到,并不是最关键的,重要的是要不定期地让士兵轮流进行。"

贾诩点头表示同意:"这个策略很可行。"

郭嘉又一次露出了微笑。贾诩继续提问:"这个计策真的有效吗?"

郭嘉耸了耸肩,表示结果难以确定。

贾诩接着转换了话题:"朝廷那边有什么消息吗?"

郭嘉回答说:"文若认为我军必定胜利,孔融则认为必定失败,太常杨彪则表示……司空英勇,天子英明。"

听到这些，贾诩笑了："确实，您真是无所不晓。"

然后，贾诩又询问了天子的看法："那天子自己怎么想？奉孝，不必隐瞒，我们都是明白人，对天子的心思也能猜个八九不离十。"

郭嘉点头表示同意："确实，天子的想法不难猜测。他担心如果袁绍赢了，会成为像袁术那样的霸主；如果曹操赢了，可能会变成像董卓那样的权臣。如果双方都输了，他将无人保护。因此，他最好是等到双方打得筋疲力尽时，再出面调停。更何况袁绍发出的檄文是以幕府的名义，并没有上报朝廷，朝廷可以选择管也可以选择不管。"

贾诩补充说："只是他们都不知道，渠穆会趁机告诉天子，他还是需要有自己的军队。但这些都是后话了。"

听了郭嘉的说明，贾诩心中的疑惑得到了解答，原来加餐的目的是在撤退时不留下任何粮食。

曹操随即反对："我为什么要撤退呢？"

贾诩面色严肃地分析说："士兵的士气低落，军粮供应不足，地方上的局势动荡不安，朝廷的情况也令人忧虑，再加上袁绍的严重威胁。"

第四章　归附曹操

曹操不由自主地摸了摸鼻子，突然打了一个喷嚏，仿佛感受到了周围紧张的气氛。

贾诩继续说道："本来，敌军虽然人数众多但战斗力不强，我军虽然人数较少却勇敢善战，快速决战对我们是有利的。但是，袁绍在初次战斗失败后，却意外地选择了坚守阵地，即使子廉派兵去骚扰，他也毫不动摇，显示出了前所未有的坚持。这与他以往的行事风格完全不同。"

曹操皱着眉头，询问道："文和认为，这计策出自谁手？"

贾诩目光如炬，直视曹操："这是他个人的决定。他向来行事独断，岂会轻信他人之言？您之所以勇于对抗袁绍，原本是因了解他志向虽大但才能有限、外表强硬但内心软弱、外表宽容实则多疑、善于谋划却缺乏决断、德行不足以服人，因此不足为患。然而，他现在似乎突然开窍，变得坚如磐石，与过去截然不同，这怎能不令人生畏？若不撤退，我们又该如何是好？"

曹操沉思了一会儿，提出："引诱敌人深入我方，有何不可？"

贾诩摇头表示："如果真能这么做，当初就不用坚守官渡了。"

曹操质疑道："难道不是这样吗？"

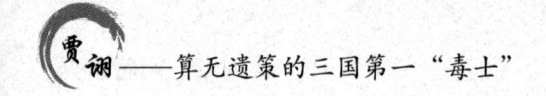

贾诩毫不畏惧地反问:"司空实际上是不想再战了吧?"

这番话语如同霹雳般直击曹操心灵深处。他的情绪突然崩溃,大叫一声,双手紧抱头部,无力地倒在地上。

许褚急忙冲进房间,剑锋直指贾诩的喉咙,使得室内气氛骤然紧张。然而,坐在旁边的郭嘉只是平静地看了许褚一眼,接着语气温和地说道:"仲康,将剑撤回。执金吾向来以谨慎著称,若他真的受到惊吓,那么又有谁能来医司空的头疼病呢?"

曹操已经被安置在床上休息,而贾诩仍旧站立着,面不改色地开始他的分析:"袁绍其实不足为惧。"

郭嘉听到这话,语气平静地回应:"是吗?"显然对贾诩的观点感到好奇。

贾诩接着说:"无论是智略、武力、用人还是决策,袁绍都不及司空。"

郭嘉听后,轻轻皱眉,疑惑地问道:"那我们为何还未能获得决定性的胜利呢?"

贾诩简洁地回答:"因为司空过于谨慎,总是忧虑各种潜在的风险。在敌强我弱的情势下,总想寻求完美的策略。但是,世上哪有真正的完美计策?只有出其不意,把握瞬间的机会,才能

第四章 归附曹操

迅速决出胜负。"

听到这里,曹操突然睁开双眼,从床上坐起,显然贾诩的话语触动了他的内心。

曹操精神为之一振,郭嘉和贾诩交换一下眼神,露出了会心的微笑。这时,许褚也松了一口气,退出了房间。不久杨修进了屋。

曹操和颜悦色地望着杨修,示意他不必多礼,然后问道:"德祖,你也是来询问加餐之事的吗?"

杨修稍显意外,但随即点头表示确实如此。曹操笑出声来,然而很快,他的笑容便消失了,语调转为严肃:"为何加餐一事竟引起这么多人的关注?来,说说你的看法。"

杨修感到自己处于两难之中,只能勉强回答:"加餐通常预示着准备进攻或者计划撤退。"

曹操躺在床上,面带微笑继续问道:"德祖,依你之见,我们现在处于哪种状况?"

杨修深吸了一口气,开始分析:"考虑到目前的局势,我们没有条件发起进攻,只能选择撤退。但如果司空撤退,袁绍必定会趁机紧追不舍,直攻许都,攻势猛烈,因此我认为撤退并不是最佳选择。"

曹操继续探询："那么，你认为我们应该如何行动？"

杨修提出了自己的建议："我愿意前往袁绍的营地，尝试进行和平谈判。"

曹操怀疑地扬起眉毛："和平谈判？袁绍会听从你的吗？"

杨修自信地回答："借助我杨家的一些影响力，或许能够说服他撤回军队。而且，我们现在也没有其他更好的办法。"

曹操突然转变了话题，询问道："德祖，你今年26岁了吧？"

杨修感激地回答："多谢司空的关心。"

曹操继续说道："一言既出，驷马难追！"

杨修郑重地承诺："我定将竭尽所能，不辜负您的期望。"

听到这番话，曹操非常高兴："太好了！这比华佗的药还要有效！"话音刚落，他迅速站起身，显得精神抖擞。

杨修一时之间愣住了，而贾诩和郭嘉则露出了心领神会的微笑。

曹操眯着眼睛注视着杨修，命令道："那就派你去袁绍的营地，告诉袁本初，我必将击败他，然后从容地吃早餐，用不着十天半个月。"

第四章 归附曹操

杨修听后大吃一惊,而曹操则显得信心满满,镇定自若。

"不必急于一时,明天出发也不晚,今晚就留下来陪我聊聊吧。"曹操说,语气中带着一丝温暖和期待。

四、机遇来了

机会往往在不经意间降临。就在这个关键时刻,许褚急匆匆地进来报告,说有一个自称许攸的人,是袁绍幕府的使者,请求拜见曹操。

曹操听后,立刻大笑起来,说:"我的使者还没出发,他的就到了。这世界啊,来的人不一定都心怀恶意,心怀善意的也未必不来。很好,实在是太好了!来人,快准备水,我要洗脚!"

不久,许攸便走进了房间。看到曹操正在悠闲地泡脚,显得非常自在。许攸站稳后,直接说道:"老朋友相见,何必模仿高皇帝的旧事呢?"这话一出,在场的人都明白了他的言外之意,不由自主地回想起刘邦还是沛公时,郦食其来拜见,而刘邦却在洗脚的故事。许攸的话显然是在暗示曹操故意这样做有些不恰当,但曹操并没有站起来,只是微笑着回答:"子远,你作为特使来访,我自然不必赤脚相迎。那么,你这次来究竟有何贵干?"

许攸直截了当地回答:"当然是来商讨归降事宜的。"

曹操装作不明白:"是袁绍要投降吗?"

"怎么可能是他?当然是你。"许攸明确指出。

"我为何要投降?"曹操反问,眼神中带有一丝戏谑。

许攸紧接着连发三问,如同连珠炮般:"敢问司空,面对幕府,能战吗?能和吗?能退吗?"

曹操思考了一会儿,逐一回答:"都不能。"

"那岂不是只剩下投降这条路了?"许攸紧追不舍,毫不让步。

曹操听后笑了,笑容中既有无奈也含深意。旁边的贾诩和郭嘉也相视一笑,却并未发表意见。

实际上,就在那天的傍晚时分,许攸曾向袁绍提出了一个计策:由于曹操的主力军已经出动,曹仁、夏侯惇、夏侯渊又被派遣到豫南去平定叛乱,许县的防备显得空虚。因此,他建议可以大张声势地假装攻击曹军营地,同时秘密派遣张郃和高览带领两支奇兵,趁夜快速行军突袭许县。一旦许县被攻破,就可以利用天子的名义来讨伐曹操。这样,曹操就会陷入两难的境地,最终

第四章　归附曹操

只能无计可施。

沮授对许攸的这个计策非常赞同，认为这是一个好策略。但是，袁绍坚持自己的意见："我只需要曹操的首级，要许县那个无用之地有何益处！"

许攸并未放弃，他进一步建议向南方的刘表和东方的孙策发出联合文书，邀请他们共同攻击许县。即使他们不愿意配合，这样的行动也能制造声势，对曹操形成一定的威慑。

但袁绍又一次驳回了他的建议："没有必要这么做。"

许攸内心暗暗叹息，明白自己已经尽了最大的努力。于是，他以刘备与刘表联系久无音信为由，请求亲自去探查情况。对此，袁绍表示："如果子远觉得可行，去一次也无妨。但要速去速回，不必过于勉强。刘表的那点兵力，有无皆可。"

最后，袁绍还指示郭图将调兵的虎符交给了许攸。

曹操虽不掌握袁绍集团内部的详细情况，却对袁绍的性格了如指掌，并且知道审配正在邺城深入调查许攸的贪污问题。基于这些了解，他不疾不徐地向许攸连发三问。

曹操首先提问："袁绍是否经常采纳你的意见？"许攸摇头否认，直率地回答："并非如此。"

接着,曹操继续探询:"你为他尽职尽责,他是否给予了你相应的优待?"许攸又一次否认:"并没有。"

最后,曹操问出了关键问题:"你在前线遇到难题,而审配在邺城调查你,袁绍可曾为你辩护过?"许攸无奈地苦笑:"他不会这样做。"

观察到许攸的神态,曹操的语调中带了一抹戏谑:"这么说来,真正应该投降的似乎是你。"许攸也坦诚地接受了这一点:"的确如此。"

恰在此时,曹操忽然起身,赤足快步走向许攸,满腔热情地说道:"子远,你来得恰到好处!"许攸则稍显局促,提示道:"司空,还是先更衣为佳。"

见到这一幕,众人忍俊不禁。曹操也察觉到了自己的失礼,于是返回床边,让侍女帮他擦干双脚并穿上鞋袜。然后,在郭嘉的引领下,两人分别就座。

曹操正要举杯庆祝之际,许攸却急忙示意暂停:"稍等!尚有一疑问想向司空请教。"

曹操示意许攸继续提问,于是许攸问:"司空的军粮还能维持多长时间?"

第四章 归附曹操

曹操稍作思考后回答:"可以维持一整年。"许攸摇头表示:"不对,请重新回答。"

"那么至少半年是没问题的。"曹操再次回答。许攸依然坚持:"这也不可能,请司空直接告诉我真相。"

曹操没有办法,只能坦白:"实际上,只能维持一个月。"许攸听后,站起来故作姿态地说:"那我还不如回到袁绍那里。"

曹操笑着反问:"子远认为我这里还能坚持多久?"许攸自信地回答:"最多10天到半个月。"

曹操好奇地询问:"你怎么这么确定?"许攸微笑着回答:"司空又怎会知道我家人的情况?我有自己的信息渠道。"曹操也坦诚地说:"不瞒你说,我也有自己的情报来源。"许攸则笑着说:"我是亲眼所见。"曹操听后,点头表示认同。

许攸环视周围,有意提及为何不见大名鼎鼎的郗虑。注意到曹操和其他人都没有说话,他继续说:"难道是去冀州筹集军粮了吗?"

在谈话的紧要关头,许攸故意停顿了一下,目光投向桌上的酒杯,好像在期待对方的回应。

曹操看到这一幕,举起酒杯向许攸敬酒:"子远,请。"许攸坐回座位，拿起酒杯轻轻啜了一小口，随即皱眉疑惑地问："这是酒吗？"曹操苦笑着回答："这只是水。现在粮食紧张，哪有酒可喝呢？"

此刻，关乎存亡的军粮问题出现了转机。郗虑辛苦采购的粮食已经抵达乌巢，这本是一次及时雨般的补给，却意外地被袁军截获。凑巧的是，袁绍的粮仓恰好设在乌巢，粮仓尚未完工就"接收"了这批意外的粮食，这似乎是命运开的一个巨大玩笑。

与此同时，许攸神秘地从怀中取出一件物品，原来是从袁绍那里截获的秘密信件！他慢慢地展开信件，向在场的人展示了信中的秘密。许攸不仅带来了袁军的详尽布局，还有那些珍贵的截获情报，这无疑增添了大家对即将展开的行动的信心，使得在场的每个人眼中都闪烁着期待的光芒。

这消息，关乎袁军的粮草重地——乌巢的安危，也关乎整场战役的走向。

曹操闻言，眉头紧锁，眼中闪过一抹锐利的光芒。他深知，在这乱世之中，信息真伪难辨，一着不慎，满盘皆输。于是，他转向了身边的贾诩，贾诩并未立即表态，而是微微闭目，沉思片刻。他深知许攸的为人，也了解袁绍的性格和行事风格。在脑海

第四章　归附曹操

中快速梳理着各种可能性和线索后，他缓缓睁开了眼睛，说道："主公，许攸此人虽曾为袁绍所用，但他此番投奔，言辞恳切，不似作伪。且他所言之情报，与袁绍平日行事风格相符。袁绍自恃粮草充足，对乌巢防守或许确有疏忽。此消息，或为真。"贾诩的声音沉稳而有力，每一个字都仿佛经过深思熟虑。

曹操闻言，点了点头，眼中闪过一丝赞许。他深知贾诩的智谋和判断力，也相信自己的直觉。于是，他果断下令，让曹洪、贾诩和郭嘉留守主营，同时指派曹朗和杨修带领两千名轻装骑兵前往乌巢，自己则与于禁带领三千兵力进攻阳武。他还特别指示曹朗和杨修，在接近目的地时伪装成袁军。许攸洞察了曹操的计划，随即拿出虎符交给曹朗："带上这个，就如同袁绍亲临一般。"

当曹操兵分两路行动的消息传到大帐时，袁绍正与郭图一同观看歌舞，而周围的清客们正忙于讨论如何润色他的旧作。这时，张郃进入大帐，清客们知趣地退到一旁。

张郃向袁绍汇报，曹军约有两千名轻骑兵已经离开营地，朝东行进。郭图立刻做出反应，断定这支队伍的目标是乌巢。他分析说，曹操诡计多端，眼线遍布，可能已经嗅到了一些消息，打算抢夺粮草。

袁绍听后问道:"那么,我们的军粮是否已经送达乌巢?"郭图却回答说,此事由许攸负责,他并不了解具体情况。

正当袁绍感到困惑时,高览急忙进入营帐汇报,说曹操亲自带领三千轻骑兵绕过我方营地,快速行军向阳武进发。他们在夜色中急速前进,显然是为了在白天保持体力。

袁绍对此消息感到震惊,追问高览是如何获得这个情报的。高览回答说是侦察兵发现的,并主动请求带兵去阳武。张郃也表示愿意领兵前往乌巢。然而,袁绍坚决拒绝了他们的请求,命令他们在第二天黎明时分直接攻击曹军营地。他轻蔑地笑道:"想用这种小计谋欺骗我?他攻击我的后方,我就攻击他的大本营!"

此时,沮授再也无法忍受,摇了摇头。自从袁绍将兵权从他手中夺走,交给郭图后,沮授便感到失望,变得沉默寡言。然而现在,他意识到自己不能再保持沉默。他指出,曹营防守坚固,曹操在出发前肯定会叮嘱曹洪和贾诩做好防备。如果长时间无法攻下,而曹操又在乌巢和阳武取得成功,那么敌军必然会从营地的北面和东面反击,使我军陷入腹背受敌的困境。沮授还质疑,攻击阳武这样的任务完全可以由曹洪负责,曹操为何要亲自带

第四章 归附曹操

队?他的真实意图,我方的侦察兵又怎么能轻易得知?这很可能是曹操设下的圈套,诱使我军进攻营地,绝不能上当。

然而,袁绍愤怒地吼道:"我会上他的当吗?我什么时候上过他的当?"见沮授无言以对,他更加愤怒:"说不出理由就闭嘴!来人,把沮授关起来,以免他散布谣言,动摇军心!"张郃和高览见状,吓得连呼吸都不敢大声。

接着,袁绍又问张郃和高览是否遇见过许攸。两人一起摇头,表示未曾见到。

在晨光初现之际,曹朗和杨修带领轻骑兵悄无声息地到达了乌巢。他们穿着袁军的装束,挥舞着袁军的旗帜,声称是受命来支援的幕府精兵。看守粮仓的小队长虽然有些怀疑,但也不敢轻举妄动,急忙持武器上前致敬。

杨修注意到曹朗拿出了虎符,严肃地问:"你知道这是什么吗?"小头目摇头表示不认识,声称那是高级将领所用之物,自己一个小卒如何能识得。

这个意外的情况让杨修心中一紧,他迅速思索应对之策。与此同时,曹朗迅速采取了行动,他下马,拔剑直指小头目的喉咙,冷冷地说:"这个你总该认识吧?"话音刚落,剑光一闪,

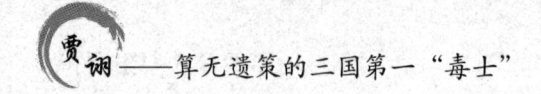

小头目的喉咙已被剑刺穿。

曹朗挥剑示意,轻骑兵们迅速展开行动,将守库的袁军围得水泄不通,手中的长矛对准他们。袁军惊恐万分,只能听从命令,放下武器,为郗虑等人松绑。

随后,杨修带领一名袁军士兵来到曹朗面前,让他跪下。杨修命令道:"给你一匹马,回去告诉袁绍,乌巢已经归顺司空了。"这句话标志着一场紧张刺激的夺粮行动的结束。

张郃和高览静静地望着对面的曹军营地,相互间没有言语。昨夜,他们已经深入讨论过,一致认为沮授的意见非常合理,但袁绍却固执己见,断然拒绝。这种情况已经不是第一次发生了。不论是田丰的劝告,还是沮授的策略,袁绍都当作耳旁风,甚至对老朋友许攸的建议也置之不理。结果如何呢?田丰和沮授被关押,而许攸这位多年的好友,可能也已经萌生了背离的念头。

就在这一刻,曹营的大门突然敞开,许攸骑马疾驰而至。他拉紧缰绳,向张郃和高览致意:"两位近来如何?"张郃和高览在马背上抱拳回礼:"先生早上好!"

"可惜,军令如山,我们不得不从。"张郃叹气说。

许攸面色严肃:"如果攻不下来,袁绍会宽恕你们吗?"张

第四章 归附曹操

郃无奈摇头:"恐怕不会。"

"即便袁绍愿意宽恕,郭图也必会进献谗言。"许攸继续分析。

张郃只能苦笑:"的确如此。"

"既然这样,何不顺从形势,做出正确的选择?"许攸建议。

张郃疑虑重重:"曹洪会信任我们吗?"

许攸轻轻一笑:"子廉的想法难以预测,但贾诩和郭嘉都在营中。实际上,事情并不复杂,你们只需要像殷商的军队一样,在阵前改变立场即可。"

听到这话,张郃望向高览,高览则坚定地点头,表示同意。

在清晨的微光中,曹军的轻骑兵们醒来,准备出发。曹操坐在地上,平静地望着对面。当副将于禁前来询问出发时间时,曹操微笑着说:"文则,你看,南边不是还很安静吗?"

于禁一愣,随即回答:"司空,这里是袁绍的后方营地,要去阳武应该向北走。"

曹操摇头笑着说:"谁说我们要去阳武?我有说过吗?你可能记错了。"

于禁听后,立刻明白了:昨晚那个袁军侦察兵,是曹操故意放走的。这是为了让袁军后方放松警惕，同时防止阳武的驻军前来增援。然而，袁军毕竟经验丰富，郭图更是机智过人。他们在坚决抵抗于禁的同时，还派出轻骑兵试图包围曹操。

面对这一紧急情况，曹操却毫不惊慌，他拔剑上马，冷静地命令侦察兵："别急，等他们到我们背后再行动！"

不久，侦察兵报告："他们已经在我们背后了。"

曹操果断下令："快，挂起袁绍的幕府大旗！"周围的士兵迅速将大旗升起。

接着，曹操又高声命令："喊话！告诉袁军，袁绍已被俘，帅旗在此！放下武器，违令者斩！"

在清晨的微风中，幕府的大旗迎风招展，战场上双方士兵的呐喊声此起彼伏。在这个以冷兵器为主的年代，战争的胜负很大程度上取决于军队的士气。袁军目睹张郃和高览在前线倒戈，与曹洪的部队一起从前方营地发起攻击，同时得知派往营地北部的轻骑兵一去不复返，他们无法也不愿去分辨袁绍是否真的被捕。最终，在这种强大的士气压迫下，袁军停止了战斗，纷纷放下武器。

在这短暂的时刻，一系列剧变如同霹雳般爆发：许攸的叛

第四章 归附曹操

变,张郃的倒戈,乌巢的失陷以及曹操出人意料地攻击了后营。这一系列突如其来的打击让袁绍猝不及防,他意识到局势已经无法挽回,在混乱中带着长子袁谭和少数亲兵,急匆匆地向黎阳方向逃离。

在逃亡的路上,袁绍和袁谭拼命奔跑,唯恐被追兵追上。他们的随从因为跟不上这种飞快的逃亡速度,逐渐被抛在后面,只剩下袁绍父子俩在崎岖的山间小路上努力逃亡。

在这场力量悬殊的对决中,曹操和袁绍这两位雄主在官渡展开对峙。面对袁绍的庞大军队,曹操内心不免有些焦虑,但贾诩像一根定海神针般坚定地支持着他。贾诩深入剖析了双方的优劣,强调了曹操在勇猛、用人和决策上的优势,从而加强了曹操的胜利信念。

战斗打响后,战局变幻莫测。当袁绍的谋士许攸意外倒戈,提出焚烧乌巢的精妙计策时,曹军中却充满了怀疑的声音,许多将领对许攸的投降持保留态度。在这个紧要关头,贾诩和荀攸站了出来,他们消除了军中的疑云。他们不断地向曹操进言,以诚挚的语言和严谨的逻辑说服曹操,最终促使曹操决定亲自带领精兵奇袭乌巢,一场大火将袁绍的粮草烧得一干二净,严重削弱了

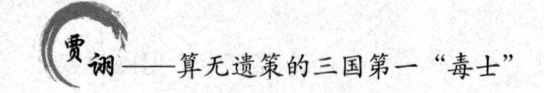

袁军的战斗意志，为官渡之战的胜利奠定了基础。

五、明哲保身

自从贾诩加入曹操麾下，他清楚自己并非曹操的旧部，而且他曾效力的董卓势力正是曹操争霸路上的第一个障碍。在曹操这边，手下聚集了众多才智出众的人物，政治斗争激烈得如同连续剧一般，一幕接一幕。贾诩这位经验丰富的老手看得透彻，心中明亮如镜，更加坚定了他"低调做人，高调做事"的信条。贾诩总是装作若无其事，不轻易向曹操献计，以免招惹不必要的麻烦。在政治斗争中，他尽量避免争端，力求保持中立，追求自保，做一个"隐形人"。

《三国志·魏书·荀彧荀攸贾诩传》中提到，贾诩明白自己不是曹操的老臣，并且深知自己的智谋非凡，担心引起猜疑，于是选择深居简出，对外部事务尽可能不插手，连子女的婚姻也避开权贵家族，以免卷入任何纷争。贾诩确实将"明哲保身"这一理念贯彻到了极致。

官渡之战结束后，曹操一方面紧追袁绍的两个儿子，忙于征战；另一方面，在朝廷大力推行改革。这使得北方地区呈现出全

第四章　归附曹操

新的面貌。

四处可见丰收的景象，民众也享受到了安定的生活。随着民心的稳定，局势逐渐走向平稳。

在朝政方面，曹操向汉献帝建议废除现有的太尉、司徒、司空三公制度，恢复西汉初期的旧制，重新设立丞相和御史大夫的职位，希望以此重整朝政，恢复汉朝的威望。

汉献帝虽然内心极不情愿，但也不敢公然违抗曹操，只能勉强同意。这一同意，曹操便直接登上了丞相之位，成了实际上的"一人之下，万人之上"。

西汉初年，朝廷设有三公。当时的三公包括丞相、御史大夫和太尉。丞相是最高行政长官，掌管全国政务，甚至能够影响皇帝的决策。御史大夫则类似于丞相的副手，若丞相离职，他便接任，但实际上并无太多实权。太尉主要负责军事，且需受丞相的控制。随着时间的推移，丞相的权力不断膨胀，令皇帝们感到威胁，最终导致丞相权力被削弱，形成了太尉、司徒和司空的三公制度。

曹操此举显然是要效仿西汉时期灌婴的显赫事迹，将军事和政治权力集中于自己手中，且做得看似合理合法。

贾诩——算无遗策的三国第一"毒士"

公元 208 年七月,曹操在处理完所有事务后,带领二十万精兵南下,意图一举消灭刘表。

到了八月,刘表或是因恐惧或是因病,总之已处于病危状态。但直至临终,刘表都未明确指定继承人,因此他去世后,蔡瑁、张允等人伪造了刘表的遗诏,拥立刘表的小儿子刘琮成为荆州的新主。

与此同时,曹操的军队已到达南阳,得知刘表去世、刘琮继位的消息后,他认为新君主无法迅速稳定荆州局势,于是亲自率领骑兵迅速推进,计划在荆州稳固之前占领它。

到了九月上旬,曹操仅用不到一个月的时间就将军队带到了新野的郊外,随后他派遣使者前往刘琮处,劝其迅速投降,否则一旦开战,将无法区分敌我。

在襄阳府的议事厅中,气氛沉重,一片静默,无人敢轻易开口。年轻的刘琮面对如此紧急的局势焦虑不已,几乎要落泪,急忙询问:"曹军已逼近新野,我刚刚继位,感到迷茫无助,各位有何高见,请迅速直言,不要再有隐瞒!"

这句话打破了沉默,文武官员们相互对视,最终由王粲(东汉时期著名的文学家,也有谋略之才)首先发言,向刘琮建议:

第四章　归附曹操

"主公，现今世道混乱，众人皆想争夺权位，家家户户都梦想着称王，但最终能够统一天下的只有一人。在这个紧要关头，只有能够洞察形势的人才能够享受荣华富贵。"

刘琮不解其意，继续追问："什么是洞察形势？"

王粲解释说："曹丞相是当代的英雄，他的才华和谋略非凡，在官渡之战中大败袁绍，将孙权驱逐至江东之外，使刘备流离失所，又在白狼山之战中击败乌桓，其成就如同神迹，不可胜数。天下最终将归属曹丞相。因此，我建议我们不如收敛锋芒，放下武器，顺应天意，归顺曹丞相。相信曹丞相必定会重用主公，至少能够保证主公一生荣华富贵，延续家族的荣耀。否则，一旦开战，恐怕主公连祭祀祖先的地方都难以保住。"

听到这些话，刘琮显得迟疑不定，欲言又止。这时，出身荆襄地区的显赫家族，也是刘表旧日亲信的蒯越和韩嵩也站出来支持王粲的观点。

见到这个情形，刘琮心中涌起一股悲壮之情，叹息道："我刘家在荆楚经营已久，依靠先父留下的基业，难道就不能与曹操一较高下吗？"

傅巽（东汉时期著名的评论家、文学家，刘表的亲信）在此时提出意见:"叛逆和忠诚有其定义,强弱之势也有其规律。以下犯上是叛逆;以新得之地对抗中央,从形势上看也难以取胜。而寄希望于刘备来对抗曹操,更是不现实。敢问主公,您觉得自己与刘备相比如何?"

刘琮无奈地回答:"刘备是天下的英雄,我自认不如。"

傅巽继续说道:"确实,刘备是人中之龙,但即便如此,也被曹操追得四处逃窜,更何况主公呢?因此,请主公不要再犹豫,只有归顺曹操,才能保证刘家血脉的延续。"

傅巽发言之后,许多官员也相继劝谏,刘琮这位年轻的君主,在众人的劝说下,最终作出了向曹操投降的决定。

在这个关键时刻,刘备还被蒙在鼓里,正在樊城积极准备抵抗曹操。直到刘琮投降曹操的消息传到他耳中,他才急忙派出使者前往襄阳,想要确认这个消息的真假。

刘琮知道这件事已经无法再隐瞒,于是派宋忠去刘备那里坦白了一切。刘备听到这个消息后,极度愤怒,突然站起身,一脚将宋忠踢倒在地,然后拔出腰间的宝剑,剑锋直指宋忠的喉咙,怒吼道:"刘琮这个小子,怎么如此背信弃义!他难道不知道我和曹操有着深仇大恨吗?现在大祸临头才来告诉我,这不是把我

第四章　归附曹操

往绝路上逼吗？我真想砍下你的头来解我心头之恨，但杀害使者不是我刘备的风格。你回去问问那个小子，他怎么能对得起他死去的父亲？"

宋忠离开之后，刘备立刻召集部队，准备向南撤退。

当时，许多谋士和将领都建议刘备趁机夺取襄阳，控制荆襄地区，并与孙权结盟对抗曹操。但刘备手中只有一万士兵，如何对抗拥有数万精兵的刘琮？更何况曹操即将接管荆州。

经过深思熟虑，刘备对大家说："刘荆州临终时将他的儿子托付给我，我怎能背弃承诺？算了，大家跟我再去襄阳一次，我想说服刘琮一起抵抗曹操。如果他真的缺乏勇气，我们就退守到南郡（今湖北省江陵县），那里资源丰富，兵力充足，可以帮助我们抵御曹操。"

于是，刘备和他的部下前往襄阳，请求与刘琮会面。

然而，刘琮觉得自己没有脸见刘备，更觉得愧对祖先，因此拒绝与刘备见面，以免增加自己的烦恼。

刘备无奈，只能带领部队向南方的南郡撤退。出乎他意料的是，当他准备逃往南郡时，荆州的民众竟然从各地涌向襄阳，希望跟随刘备一起撤退。

贾诩——算无遗策的三国第一"毒士"

众所周知,在古代,特别是在动荡的时代,人口对于军阀来说,就是力量的源泉。

因此,刘备毫不犹豫地接受了民众的请求,带领他们一起向南逃亡。

几天后,曹操的军队到达了襄阳,他首先封刘琮为青州刺史,并给予蒯越等15名投降的官员列侯的爵位,以此手段削弱刘表的旧势力,并安排军队进行监控,以加强对荆州的掌控。

这些事务处理完毕后,曹操打算亲自带领五千精锐骑兵去追击被他视为眼中钉的刘备。

但是,在这个关键时刻,刘璋的使者张松到达襄阳,代表刘璋向曹操传达了友好的问候和结盟的意愿。

刘璋与张鲁长期作战,却未能取得优势,反而被张鲁压制。现在,曹操的大军逼近荆州,刘璋希望与曹操结盟,请求曹操帮助他击败张鲁。刘璋还承诺,一旦张鲁被击败,他愿意向曹操称臣。

然而,曹操当时正专注于追捕刘备,并且没有把刘璋放在眼里,因此他没有亲自接见张松,只是让张松在襄阳等待,自己则带领骑兵迅速出发。

第四章 归附曹操

张松因此感到极度愤慨,没有告别就愤然离开了。他返回成都后,在刘璋面前讲述曹操的自大和无礼,强调曹操对刘璋没有任何尊重,并警告刘璋不要再对曹操抱有任何幻想。刘璋接受了张松的意见,断绝了与曹操结盟的念头。就这样,曹操错过了轻易获得益州的第一次机会。

接着,曹操亲自带领虎豹骑,以每天三百里的速度追击刘备。尽管刘备提前几天南撤,但由于随行的百姓众多,行进速度大幅下降。因此,当他们到达长坂(今湖北省当阳市一带)时,最终还是被曹操的军队追上。

然而,曹操追上刘备后,并没有立刻发动攻击,而是放慢了追击速度。这是为什么呢?原因在于那些跟随刘备的百姓。

曹操看到大量百姓紧随刘备之后,心中感到既惊讶又愤怒,随即命令部队分批驱散这些百姓。

可能有人会好奇,既然曹操对刘备恨之入骨,为何不直接追击刘备,而是先处理百姓的问题?

其原因并不难理解。

曹操确实可以直接忽略百姓,追击刘备,但刘备在民间有着极高的声望,并且手中还有数千士兵(同时,刘备还派遣了一部

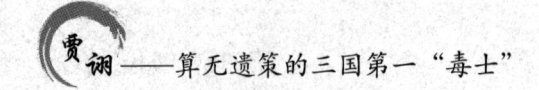

分士兵随关羽通过水路前往南郡），这让曹操不得不有所顾虑。他担心在攻击刘备时，这些百姓可能会从后方对自己进行攻击。因此，曹操决定先行控制百姓，再集中兵力对刘备进行攻击。

至于刘备，在得知曹操军队追击的消息后，他不得不放弃了随行的百姓，加快了逃亡的速度。

第五章
听他的都赢了,不听他的都输了

贾诩——算无遗策的三国第一"毒士"

曹操此次南下的主要目的是征讨刘表并占领荆州。随着刘琮的归降、刘备的流亡以及江陵的沦陷，这一战略目标已基本实现。接下来，曹操把视线转向了江东。在赤壁之战即将爆发之际，曹操询问了贾诩的看法。贾诩对当前的形势进行了深刻的分析，认为现在并不是进攻江东的恰当时机。《三国志·魏书·荀彧荀攸贾诩传》中记载：

> 诩谏曰："明公昔破袁氏，今收汉南，威名远著，军势既大；若乘旧楚之饶，以飨吏士，抚安百姓，使安土乐业，则可不劳众而江东稽服矣。"太祖不从，军遂无利。

贾诩说，主公已经统一了北方，并轻松占领了荆襄地区，声望和军力都达到了顶峰。然而，考虑到北方军队对南方气候不适

第五章　听他的都赢了，不听他的都输了

应以及荆襄新归附的士兵人心不稳，与孙刘联军决战存在许多不确定性。因此，建议暂时放弃对江东的攻击，转而集中精力发展荆州的农业和经济。随着时间的推移，军队的士气将会提升，孙权也会感到害怕。到那时，无论是刘备还是孙权，都可能被一举击败。

尽管如此，曹操认为贾诩的计划虽然稳妥，但耗时太长。他对自己的力量充满信心，认为足以征服孙刘联盟。因此，他没有采纳贾诩的建议，而是在襄阳和江陵部署了大量军队（包括病号和防备刘备的部队），然后按照原定计划向夏口进军。

一、孙刘结盟

当刘备处于危难之中，急匆匆地逃离时，一位骑士从一旁迅速驰来，他一边飞奔一边大声呼唤"刘使君"。听到这声呼喊，刘备立刻停下脚步，想要了解这位骑士的来意。这位骑士身份不凡，原来是江东享有盛誉的智囊和谋士——鲁肃。

鲁肃，字子敬，他的故乡是临淮郡东城县，即今天的安徽省定远县。他早年失去了父亲，与祖母共同生活。作为官员的后代，鲁肃性格开朗，乐于助人，经常资助邻里，并且结交了许多

英雄人物,身边总是围绕着一群忠实的追随者。

在孙策的密友周瑜担任居巢县令时,他曾亲自带领数百人前往鲁肃的住所,请求借粮。尽管场面显得颇为壮观,但这并非一次强行索取,而是出于协商,并没有强迫鲁肃的意思。

令人惊讶的是,鲁肃并没有表现出任何吝啬,反而大方地将家中粮食的一半赠予周瑜。这一行为赢得了周瑜的极大尊重,他认为鲁肃的气度非凡。

后来,袁术听闻鲁肃的名声,想要任命他为县令。但鲁肃看出袁术没有统一天下的气度,于是坚决拒绝了他的邀请。为了避免袁术可能的报复,鲁肃带着家人搬到了周瑜管理的居巢县,在那里得到了周瑜的保护,开始了新的生活。

当孙策不幸被刺身亡后,孙权继承了领导位置,周瑜抓住机会向孙权推荐了鲁肃。孙权虽然重视周瑜的推荐,但他也需要亲自考察鲁肃的能力,因此就江东的未来发展策略等问题向鲁肃征求意见。

鲁肃没有让人失望,他提出了一个分割天下的策略(趁着北方混乱之际稳定南方),这让孙权眼前一亮,从此对鲁肃委以重任,并给予鲁肃深厚的信任。

第五章　听他的都赢了，不听他的都输了

在 208 年，刘表去世的消息传到了鲁肃那里，他一得知此事就急忙向孙权提出建议："荆州与我们接壤，水路北通，外有长江、汉水的辽阔，内有山川的险要，是天然的防线，土地富饶，资源丰富，是建立霸业的重要基础。现在刘表刚去世，他的儿子刘琮和刘琦关系紧张，这是荆州防御最弱的时候。按理说，现在攻打荆州，可以迅速取得胜利。但是，刘备作为乱世中的杰出领袖，他的影响力不容忽视，给局势带来了不确定性。因此，我请求作为使者去荆州，借着吊唁的机会，实地考察情况。如果刘琮和刘琦的矛盾加剧，主公可以趁机出兵，快速解决问题；如果他们因为刘备而团结起来，我们就应该与荆州结盟，共同对抗曹操的威胁。"

当时刘琮还没有投降曹操，孙权同意了鲁肃的分析，并派他去襄阳调查真相。

鲁肃独自到达夏口时，发现荆州已经投降了曹操，而刘备则向南撤退。面对这一变故，鲁肃立刻改变了他的计划，急忙追赶刘备，并在当阳的长坂坡追上了刘备。

在会面中，鲁肃向刘备详细介绍了江东的实力，并诚恳地邀请刘备与刘琦联合起来，与孙权结盟，共同对抗曹操。刘备没有

犹豫，立刻同意了，并派诸葛亮陪同鲁肃返回江东，而他自己则带领残余部队前往樊口，等待进一步的消息。

就在刘备告别诸葛亮和鲁肃的时候，后方突然传来了急促的马蹄声。原来是曹操麾下的精锐骑兵——虎豹骑正在迅速接近。

二、大战之前

听到马蹄声震天，刘备一开始感到惊慌，但很快平静下来，因为这并不是曹操亲自率领的五千虎豹骑，只是这支队伍派出的几百名先锋侦察兵。尽管如此，刘备还是不敢轻易与他们交战。

为什么？

因为这些侦察兵之后，肯定紧跟着曹操的五千主力军。如果被这几百人拖住，那将是一场灾难，可能会陷入绝境。

于是，刘备大声问道："谁愿意留下来为我断后？"

"我！"刘备话音刚落，张飞就站了出来，大声说，"我愿意为将军挡住曹军！"

刘备说："好！益德，你需要多少兵力？"

张飞轻蔑地一笑："二十骑足矣！"

第五章　听他的都赢了，不听他的都输了

刘备听后一怔，但看到张飞坚定的表情，便没有再说什么，给了他 20 多名骑兵，然后带领其他人撤退。

张飞带领这 20 多人，迅速破坏了后方的桥梁，然后站在河边等待。

不久之后，曹军的数百名骑兵到达了对岸，发现桥梁已被破坏，他们陷入了困境。

这时，张飞持枪骑马，对着对岸的骑兵大声挑战："我是燕人张益德！谁敢与我单挑？"

他的怒吼如同雷霆，让这些精锐骑兵感到极度恐慌，战马也因恐惧而嘶叫。由于桥梁被毁，他们担心张飞会在他们渡河时发动攻击，因此不敢轻易过河，只能无奈地望着张飞。

时间一分一秒地过去，一个时辰，两个时辰，直到第三个时辰，远处再次传来了马蹄声，震动着周围的空气。毫无疑问，曹操的主力军已经到来。

张飞意识到不能再停留，立刻带领他的 20 多名骑兵撤退去追赶刘备。

在张飞的掩护下，刘备终于安全抵达了樊口。

与此同时，关羽和刘琦也带领他们的部队赶到樊口，与刘备

贾诩——算无遗策的三国第一"毒士"

会师，使得刘备的军队人数增加到了两万多人。樊口地势险峻，防守容易而攻击困难，加上刘备经验丰富，想要攻占这里绝非易事。

因此，曹操不打算在刘备身上浪费太多时间，他计划先击败孙权，然后再来对付刘备。这样一来，无论刘备逃到哪里，都难以逃出曹操的手掌心。

于是，曹操写信给孙权，信中说："我奉皇帝之命，征讨天下的叛逆之人，所过之处，无不降服或灭亡。现在我拥有八十万大军，想要与孙将军一同会猎于吴地，不知孙将军意下如何？"

一听到曹操拥有八十万大军的消息，江东的文官们无不感到震惊。长史张昭率先发言，对孙权说："主公，曹操如同猛兽，挟持皇帝来指挥诸侯，常以朝廷的名义发号施令。不服从的人，都被看作是与皇帝为敌，名分不正，言谈自然不顺。而且，我们所依赖的，不过是长江的天然防线。现在，曹操已经占领了荆襄，刘表训练的水军和数千艘战船都落入了他的手中。我们还有什么可以阻挡曹操的呢？不如投降，既顺应天意，又能享受荣华富贵，何乐而不为？"

张昭说完，孙权还没来得及回应，其他的文官也开始纷纷附

第五章　听他的都赢了，不听他的都输了

和。

一时之间，议事厅内嘈杂声不断，劝降的声音此起彼伏，却没有人提出反对意见。

在这些官员中，只有鲁肃保持沉默。不是他不想说话，而是在这种情况下，他知道多说无益，可能会引起其他人的反感。

孙权被这些文官的话气得脸色发青。

过了一会儿，看到群臣还在不停地议论，孙权冷冷地哼了一声，借口上厕所，趁机离开了座位。

鲁肃看到这一幕，悄悄地跟了上去。

孙权快步走向厕所，发现鲁肃紧随其后，内心感到一丝温暖。他紧紧握住鲁肃的手，说道："其他人让我太失望了，但我相信你不会。有什么高见，尽管说来！"

孙权这样的举动似乎是想阻止鲁肃说出其他意见。鲁肃感到有些尴尬，但还是回答说："主公放心，我不是来劝降的。这些人的话，我看都是为了自己的利益，完全不顾您的安全。以我为例，如果我投降曹操，无论得到什么职位，曹操都不会担心我，因为我对他构不成威胁。但您不同，您是江东的领袖，声望显赫。如果投降曹操，他一定会对您保持警惕。死人才是最让人放

心的。因此，如果您投降，曹操一定会先除掉您。所以，您绝对不能投降。"

听完这番话，孙权更加激动地紧握鲁肃的双手。

鲁肃接着说："主公，诸葛亮是诸葛瑾的弟弟，现在在刘备军中担任谋士，他有治国安邦之才。我最近已经邀请他来到会稽，还没有机会将他介绍给您。您不妨听听他的看法。"

孙权同意道："你的意思是我们应该和刘备联手？在当前的形势下，多一个盟友就多一份力量。"

在鲁肃的牵线搭桥下，诸葛亮终于有机会见到了孙权。但诸葛亮心里清楚，孙权并没有真正重视他和刘备。

怎么看出来的呢？诸葛亮到达会稽已经好几天了，但孙权一直没有安排会面，其中的冷落，诸葛亮自然明白。

因此，当孙权询问诸葛亮有何计策可以对抗曹操时，诸葛亮慢慢地回答："回想过去，乱世刚开始时，您在江东崛起，刘备在汉水以南集结兵力，共同与曹操争夺中原。但到了现在，曹操已经击败了许多强敌，统一了北方，并且在不知不觉中占领了荆州，将那里的水军精锐和战船纳入麾下。在这种情况下，虽然天下英雄众多，但没有人能够单独与曹操对抗。既然如此，将军为

第五章　听他的都赢了，不听他的都输了

什么不顺应形势，投降曹操？也许还能保住性命。"

孙权听到这番话，脸色立刻变得阴沉——这是来请求结盟的，还是来劝降的？他愤怒地回应："既然这样，那刘备为什么不向曹操投降？"

诸葛亮轻轻一笑（这不是显而易见的嘛，刘备和曹操之间有着深仇大恨，投降不是自寻死路吗？），平静地回答："田横，只是秦末齐地的一个普通战士，却能坚守节操，至死不向汉高祖刘邦投降。而我的君主刘备，作为皇族后裔，英勇且才智出众，世间少有。无论是士大夫还是普通百姓，都对他十分敬重。他又怎么会轻易屈服于曹操呢？"

孙权听到这番话，突然一拍桌子，站了起来，大声说："刘备那小小的流亡军队都能如此坚强，我江东有十万精兵，又怎能轻易将土地让给曹操？我已经决定，一定要和刘备联手对抗曹操！但是，刘备最近才遭遇失败，他有什么资本和我江东一起抵抗曹操呢？"

"哈哈哈哈！"孙权的话音刚落，诸葛亮就大笑起来，笑声中带着一丝讽刺，好像孙权的话非常荒谬。

孙权看到这一幕，心中不悦，困惑地问："先生为何发笑？

贾诩——算无遗策的三国第一"毒士"

难道我说错什么了吗?"

诸葛亮慢慢说道:"将军的看法失之偏颇。刘备的部队虽然在长坂坡遭到曹操的重创,但损失并不严重。他们回到樊口后,迅速整顿,士气再次高涨。随后,关羽和刘琦也带领部队前来支援,现在刘备手中的兵力已经超过两万,且都是精兵。刘备是世间罕见的军事天才,经验丰富,深谋远虑,是曹操最畏惧的英雄之一。这两万精兵在刘备的指挥下,其威力不亚于二十万大军。而曹操虽然兵力众多,但长途跋涉,士兵疲惫。而且,他的士兵大多来自北方,不擅长水战,更不适应南方的潮湿气候,战斗力自然会减弱。这样的军队怎能与江东的精锐水师匹敌?至于那些投降曹操的荆州水军,虽然擅长水战,但被迫投降,短期内不可能真心效忠曹操,战斗力也会受到影响。现在,如果将军能派出一位将领,带领数万水军,与刘备的陆军协同作战,必定能形成强大的联盟,足以击败曹操。一旦曹操败退,他必将退回北方,这样一来,荆州、东吴与其鼎立的格局就能确立。因此,这一战的胜负至关重要!请将军迅速作出决策!"

诸葛亮这番话让孙权心潮澎湃,他突然站起身,激动得甚至将面前的案几都撞翻了,足以见得他此刻的兴奋情绪。

第五章 听他的都赢了，不听他的都输了

孙权在室内踱来踱去。尽管如此，他仍旧保持着冷静，即便诸葛亮的劝说让他对抗曹操的决心更加坚定，他也没有轻率地作出决定。他礼貌地告别了诸葛亮，然后迅速命令鲁肃召回周瑜，与他一同商讨对策。

十月初一，周瑜像一个急行800里的使者一样，迅速返回了会稽。当时已是深夜，但孙权毫无睡意，周瑜一到达会稽，孙权立刻召见了他。孙权一见到周瑜，就急切地说："公瑾，现在曹操的大军逼近，朝中的大臣们都劝我投降，我心中十分混乱，不知道该怎么办，希望公瑾能给我一些指导。"

本以为周瑜会思考一会儿，没想到他立刻愤慨地回答："他们真是痴心妄想！曹操虽然名义上是汉相，实际上是个汉贼！主公您英勇明智，军队精锐，资源丰富，何必怕他一个小小的贼人？曹操想要过江来打猎，哼，来得正好！不需要主公亲自出马，我周瑜就能让他的军队葬身鱼腹！"

自孙策去世以来，孙权已经很久没有见过如此豪迈的人了。他看着周瑜，仿佛又看到了他哥哥当年的身影。

尽管情绪高涨，但热情并不能解决实际问题，更无法直接对抗曹操号称的"八十万大军"。孙权心中仍有疑虑，于是向周瑜

询问:"公瑾的话让我感到振奋。但曹操的军队实力强大,你有什么计策可以打败他们?"

周瑜冷静地分析道:"虽然曹操控制了北方,但他真的可以无忧无虑吗?并非这样。西凉的马超和韩遂都是不安分的势力,他们对忠诚一无所知,曹操一旦犯错,他们就有可能起兵反抗。这怎么能说是没有后顾之忧呢?此外,曹操的军队虽然在陆地上强大,但在水上无能为力。这能算真正的强大吗?而且,曹操带领大军从北方长途跋涉到南方,战线拉得很长,难以维持长期作战,必然急于求成。北方士兵要适应南方的气候,也不是短时间内就能完成的。请问主公,现在是什么月份?"

孙权回答:"现在是十月。"

周瑜继续说道:"正是,现在是寒冷的季节,曹操却将士兵从寒冷的北方带到温暖的南方,这样的温差变化,军队中必定会疾病流行。这四点都是军事上的大忌,曹操却全都犯了,哪有不失败的道理?因此,我坚信,曹操的军队必定会被击败!"

周瑜的话让孙权精神大振,他立刻对周瑜说:"很好!这次就完全交给你来指挥,你需要多少兵力来对抗曹操?"

周瑜坚定地回答:"五万精兵,足够了。"

第五章　听他的都赢了，不听他的都输了

孙权听到这个数字，有些惊讶："只要五万？"

周瑜信心十足："没错，五万精兵足以击败曹操！"

孙权虽然对周瑜的大胆言论感到怀疑，认为这几乎不可能，但他了解周瑜不是一个鲁莽的人。经过一番考虑，他决定信任周瑜。第二天，孙权召集了一次大会，在所有官员面前，用剑砍断了桌子的一角，以此表明他与刘备联合抵抗曹操的决心坚不可摧。

然而，情况很快发生了变化，孙权似乎受到了某些流言的影响，突然变得沉默，不再提及与曹操的对抗。

周瑜何等精明，立刻察觉到孙权心中的迟疑。在夜幕降临之前，他再次请求与孙权会面，直截了当地问："主公，您真的相信曹操有那么多兵力吗？"

孙权犹豫地回答："八十万。"

"哈哈哈哈！"周瑜听后大笑，笑声停止后，他的表情变得严肃，沉声说道，"主公，这种荒谬之言，您怎能轻易相信？我们江东那些软弱的官员，一看到曹操信中提到八十万大军，就吓得胆战心惊，连真假都不敢分辨，真是不配为臣。我本不想在这个问题上多费口舌，但既然主公也相信了，那我就来为您仔细分

贾诩——算无遗策的三国第一"毒士"

析,看看曹操是否真的有八十万大军!"

"请问主公,曹操这次南征荆州,究竟带了多少兵马?"孙权思考了一会儿,回答说:"据我所知,可能有二三十万。"

周瑜微微一笑,摇头说:"主公,曹操向来喜欢夸大其词。根据我的密探报告,实际上不过十五六万人。再问主公,曹操究竟收编了多少荆州的兵力?"

孙权皱着眉头说:"我听说有十几万,接近二十万。"

周瑜再次摇头,耐心地劝说孙权:"主公,您与刘表交战多年,怎会不了解他的兵力?刘表生前虽有十万大军,但其中近半被夏口的黄祖控制,用来防范我们江东。我们与黄祖的关系势同水火。孙策大哥在世时,我们三次攻打黄祖,尤其是最后一次,主公几乎让黄祖全军覆灭。试问,荆州现在还能剩下多少兵力?我可以肯定地告诉您,最多七八万!这样算来,曹操的总兵力绝不会超过二十五万!而且北方士兵长途跋涉,疲惫不堪,荆州新降的士兵又人心不稳,这样的军队怎能打胜仗?怎能在长江上战胜我们江东的精锐水师?所以,五万兵力已经足够,我不明白主公还在犹豫什么,应当果断决策!"

周瑜这番诚恳的话语让孙权心中的疑虑消散,他听说曹操的

第五章 听他的都赢了，不听他的都输了

兵力不过二十五万，立刻感到轻松，拔剑而起："公瑾既然已经说到这个地步，我还有什么可担心的？张昭、秦松之流，胆怯自私，让我失望。只有你和子敬才是我江东真正的英雄！我已决定，与刘备联手对抗曹操！形势紧迫，公瑾立即率军出征，虽然五万精兵一时难以集结，但我这里有三万精选的勇猛水军，交给你指挥。你和程普、鲁肃先行，我会继续筹集兵力，运送粮草，作为后援。如果你战胜曹军，可以自行决定后续行动，无需向我报告。如果战况不利，就退守这里，我将亲自率领大军与曹操决一死战！"

于是，孙权任命周瑜、程普、鲁肃为先锋，带领三万精锐水军，气势磅礴地迎战曹操。而他自己，则在后方坐镇，为周瑜加油鼓劲。

至此，赤壁之战的序幕渐渐拉开。

三、赤壁之战

陆口，这个沿江的战略重地，孙氏家族对其了如指掌。因此，大军出发后，如飞箭一般直奔陆口，决心要抢在敌人之前占据这个关键地点。而曹操的谋士们对江南的地理和气候却知之甚

少，甚至对季节性特征也毫无察觉。他们在浓雾中轻率行军，结果误入了云梦泽，迷失了方向，浪费了整整两天的时间。这使得周瑜轻松地掌握了陆口的多个关键位置。

面对局势，曹操感到无计可施，只能指挥军队驻扎在乌林。到了建安十三年（208）十月，曹军与周瑜的部队在赤壁山附近的长江上意外遭遇。周瑜一发现曹操的水师，便毫不留情地发动了如同洪水般的攻势。

这场战斗激烈异常，持续了整整两个时辰。最终，荆州水军无法抵御周瑜水师的猛烈攻击，被迫撤退。

面对当前局势，曹操迅速作出决策，指示水军撤到长江北岸建立营寨，陆军则退到江边安营。与此同时，周瑜也毫不迟疑，带领部队驻扎在南岸，与曹操形成隔江对峙的局面，双方气势汹汹，如同两只准备决斗的雄鸡。

在这个时候，曹操麾下的将领们急不可耐，纷纷请求出战，希望在江面上与周瑜一决高下。但是，曹操在目睹了周瑜水军的威力之后，面色变得异常严峻。他终于深刻体会到江东水军的强大，也理解了贾诩之前建议的深刻含义。

因此，曹操断然拒绝了将领们的出战请求，决定加强防御，

第五章　听他的都赢了，不听他的都输了

在乌林构筑了坚固的水陆营地。他还下令将所有战船用铁链相连，使得水寨坚如磐石。这一策略正是贾诩所出，目的是让北方士兵在休息的同时，逐渐适应水战。同时曹操还对荆州的官员和士兵实施多项优惠政策，以此提升他们的士气，计划在来年一举平定江东。

曹操打算暂时休整，周瑜却有不同的计划。自从首次战胜曹操的水军后，周瑜的军队士气空前高涨，士兵们急切地想要与曹操进行决战。因此，周瑜每天都率领大军到曹操的营前挑战，意图逼迫曹操出营迎战。

然而，曹操却选择紧闭营门，挂起免战牌，无论周瑜如何挑衅，他都坚决不出战。

面对这种情况，周瑜决定亲自采取行动，他乘坐一艘大型楼船，缓缓驶向曹军营地进行侦察。

当他看到曹操将所有战船用铁链连接起来时，心中不禁窃喜，仿佛已经预见了胜利。为什么？因为周瑜清楚地意识到，曹操这样做实际上是在自找麻烦。虽然连接战船可以提高战船的稳定性，便于训练，但如果有一艘船起火，那么整个舰队都将面临灾难，没有任何一艘船能逃脱火焰的吞噬。曹操的这一决策，无

疑是为自己埋下了隐患。

然而，更让周瑜兴奋的还在后头。在侦察时，他意外地发现曹军营地中正偷偷运出一具具尸体。这背后的秘密是什么？周瑜稍加思索，便猜到了大概——曹操的军队中再次暴发了瘟疫！

周瑜的猜测很快得到了验证。确实，曹操的军队再次遭受了瘟疫的打击，而且这次瘟疫蔓延的速度异常迅速。不过几天时间，就有大量士兵病倒，曹军的士气也跌到了谷底。

看到这种情况，周瑜心中暗自高兴，他认为决战的时机已经到来，不能给曹操任何喘息的机会！

于是，周瑜开始密谋决战的计划。他打算先用火攻战术，一举烧毁曹军的水师，然后乘胜追击，登陆作战，彻底击败曹操。

周瑜明白，曹军士气已经低落，一旦水师被消灭，士气可能会降至冰点。到那时，曹军将被轻易击溃。

正当周瑜对自己的巧妙计划感到自豪时，一个难题突然浮现，让他不禁皱起了眉头。什么问题这么棘手？那就是如何悄无声息地放火，给曹操致命一击。

曹操虽然在水战方面不是专家，但他作为一位威名远播的军事指挥官，不可能忽视用铁链连接战船的潜在风险。因此，曹军

第五章　听他的都赢了，不听他的都输了

的防守肯定严密得如同坚不可摧的城墙，直接攻击无异于自投罗网。

面对这种情况，周瑜在心中反复推敲，却始终未能找到破解之道。正当他深陷沉思，几乎被这个难题困扰得焦头烂额时，突然有传令兵急匆匆地来报："黄盖将军请求紧急会见都督！"

深夜时分黄盖到访必定有重要事情！周瑜心中一惊，眼中闪过一丝希望的光芒，立刻命令："快让黄将军进来！"

不久，一位身材魁梧、精神饱满的老将军大步走进了营帐。他没有多言，直接切入正题："都督，现在敌强我弱，曹操依靠荆州和北方的丰富资源，粮草充足，即使战线拉长，也能持续消耗。而我们则不同，我们目前的优势仅在于水上作战能力。如果等到曹操的军队适应了水战，我们再想取胜，恐怕就难上加难了。"

周瑜听了黄盖的话，点头表示认同，并鼓励他继续说下去。黄盖直截了当地继续说道："在我看来，曹操现在用铁链把战船连成一片，这正好给了我们一个机会。我们可以用火攻战术，一举烧毁它们。随后，都督可以率领大军对曹操发起全面攻击，定能一战定胜负！"

周瑜听后,拍案称赞:"太好了!黄将军的计策正中我下怀。但是,曹操的防守如此严密,我们怎样才能潜入他的营地,实施火攻计划呢?"

黄盖听后,眼中透露出坚定的光芒,毫不犹豫地说:"我们可以假装投降!"

建安十三年(208)十月的一个夜晚,一艘小船悄无声息地进入了曹操的水军营地。

不久,曹操亲自接见了这个自称是黄盖使者的人,并且仔细阅读了黄盖的密信。

信的大致内容为:黄盖蒙孙氏三代隆恩,历任将帅之职,为孙氏东征西讨,从未有过畏惧。我虽一介武夫,但也明白天下大势所趋。依我之见,天下终将归于丞相之手,而孙氏仅凭江东六郡之力,欲与中原百万雄师抗衡,实为不智之举,亦不被天下人所认同。原因何在?因为如今天下人,无论官民,皆渴望战乱早日结束,以期恢复安宁的生活。江东的文武官员也不断劝孙权早日归降于您,唯有周瑜、鲁肃二人,他们迷惑主上,使其兴兵与您的神威相抗。因此,孙氏此举背离民心,注定失败!故此,我黄盖恳请归顺丞相,并承诺在交战之日临阵易帜,投效丞相麾

第五章　听他的都赢了，不听他的都输了

下！

阅读完信件后，曹操带着微笑让黄盖的使者先行退下，接着将信件传给各位谋士，要求他们逐一提出看法。

然而，半个时辰过去了，曹操的谋士们仍未得出统一意见，反而分成两派展开了激烈的辩论。

一派认为，黄盖作为江东的资深老臣，对孙氏家族忠贞不贰，且在江东武将中以强硬著称，这样的人不可能轻易投降。他们怀疑投降有诈，建议曹操不要轻信黄盖的信件。

另一派则认为，曹操已经占据了天下的大半江山，距统一天下仅一步之遥。在这种情势下，连一块石头都可能被感化，更何况是人。他们认为黄盖的投降极有可能是真心的。更为关键的是，如果连黄盖这样的强硬派都投降了，江东孙氏的崩溃将指日可待，曹操便能轻松拿下江东，实现统一天下的伟业。

双方就此问题争执不下。

最终，曹操认可了那些认为黄盖投降可能是真的的谋士的意见。由于曹操对水战并不熟悉，他没有意识到火攻在水战中的潜在威力，也没有考虑到江南风向的变化。

在公元208年十一月某一天的早晨，江面上的雾气慢慢消散，

天空放晴，尽管是冬季，但江南的午后意外的有些闷热。

到了傍晚，北方士兵在水上训练一天后疲惫地返回营地。

或许是因为太过疲惫，曹军中没有人注意到，微风正悄然从南方向北方吹来。

到了子夜时分，原本轻微的南风突然增强，风力之大以至于旗帜都被吹得猎猎作响。

一见风势，周瑜眼中闪烁着光芒，立刻下令所有水军登船，向曹操的水军营地进发。

那天，黄盖领航在前，带领着数十艘艨艟斗舰，但这些船上并没有多少战士，而是堆满了浸满火油的易燃木材。

周瑜指挥的主力舰队紧随黄盖的斗舰编队之后。

半个时辰之后，黄盖的舰队已接近曹军的水寨。

随着一阵急促的战鼓声，曹军士兵迅速就位，每个人都登上了自己的战船，拉满弓弦，准备在敌船进入射程时发射箭雨。

就在此刻，黄盖的主舰上举起了几支火把（这是黄盖与曹操之间的约定信号），曹操见到后非常高兴，立刻命令士兵打开水寨大门，迎接黄盖进寨。

然而，当黄盖的艨艟斗舰编队进入曹操的水军营地后，船上

第五章　听他的都赢了，不听他的都输了

的士兵并未减速，反而扬帆加速，从各个方向直冲曹操的舰队。

就在这一刻，士兵们点燃了斗舰，随即纷纷跃入江中。

由于这一切发生得太突然，加之已经深入曹操的水寨，士兵们的动作又过于迅速，曹操的水军来不及做出任何反应，只能无助地看着火船冲入自己的舰队。

呼……呼……呼……借助强劲的风势，火势迅速蔓延，宛如一条火龙在江面上腾空而起，曹操的整个江面部队无一幸免，被这条火龙完全吞噬。

不仅如此，在大风的助推下，这条火龙甚至蔓延到了岸上，对曹操的陆军发起了猛烈的"攻击"。

刹那间，曹操的军队无论是在江面还是岸上，都被熊熊烈火包围。

目睹这一情景，周瑜亲自击鼓助威，登陆后立刻领军对曹操发起了猛烈的攻击。

与此同时，刘备在蜀山看到乌林方向火光冲天，推断曹操已经遭遇失败，于是带领部队急速向乌林进发，希望能够尽快与周瑜会合，联手夹击曹操。

此时，曹军中疾病流行，水寨和一些陆地营寨也被大火摧

毁。因此，军队的士气急剧下降，出现了大规模的逃兵。

面对这样的局势，曹操意识到自己已经战败，没有翻盘的可能，只能带领残余的部队匆忙向江陵方向撤退。

当时，周瑜在清除了乌林的水陆两寨后，立即追击曹操，使得曹操不敢有丝毫停留，只能拼命向北逃窜。

曹军中的士兵呢？由于瘟疫流行，他们大多无法跟上主力部队的行进速度。

因此，许多人因劳累过度而死，还有一些人被周瑜俘虏。

与此同时，刘备的大军也到达了州陵（今湖北省仙桃市），看到曹操向西北方向行军，推断他必定会前往江陵，于是派遣关羽、张飞、赵云各自带领部队向西进行拦截！

历史记载："曹军中无法战斗的士兵多被刘备俘虏。"

再来看曹操，自从赤壁之战败北后，他连续逃亡了四天四夜，直到第五天终于逃到了华容道。但华容道非常破败，泥泞难行，加上曹军已经连续逃亡了四天四夜，士兵和马匹都疲惫不堪，许多战马因无法承受这样的疲劳而倒地死去。

曹操清楚，周瑜和刘备的军队正在紧追不舍，一旦自己放慢脚步，就可能被他们捕获。因此，曹操不敢有丝毫的放松，坚持

第五章　听他的都赢了，不听他的都输了

命令部队不顾一切地快速前进。

然而，就在这时，前方突然暴发了山洪，几乎将去路完全阻断。面对这种情况，曹操感到一阵眩晕，心中甚至闪过了一个荒谬的念头：仿佛连上天都想要他灭亡。

但曹操是一个无论在何种困境中都不会放弃的人。即使命运似乎已经注定，他也要斗争到底。

因此，曹操并没有选择放弃，而是命令他的士兵竭尽全力清除道路上的障碍。

这些士兵自随曹操逃亡以来，已经筋疲力尽，几乎没有余力去开辟道路。因此，道路的清理工作进展缓慢，曹操看在眼里，急在心头。

幸运的是，在周瑜和刘备即将追上曹操的紧要关头，张辽和许褚带领他们的部队及时出现。

他们一到，立刻带领士兵开始清理道路，最终在追兵赶到前成功打通了道路。

现在，曹操面临着一个严峻的问题：追兵已经迫在眉睫，而那些一路跟随他至此的士兵已经极度疲惫，再加上连续不断地奋力开路，他们现在实在是走不动了。

面对这种情况,曹操只有两个选择:一是与这些士兵在此地休息一天,第二天再继续前进;二是留下这些士兵,只带着张辽和许褚的骑兵向北逃走。

至于最终的选择,不言而喻,曹操毫不犹豫地选择了后者。

几天后,曹操沿着华容道从松林中逃出时,看到身后的火光冲天。目睹松林被烈火完全包围,曹操大笑道:"刘备啊刘备,你终究还是晚了一步,若你能早一天放火,我曹操肯定无处可逃!"

几天后,曹操终于通过华容道逃至南郡。这时,曹仁已经在那里建立了营地,见到曹操抵达,便亲自带领部队护送曹操平安返回江陵。

再看周瑜的情况。

在乌林击败曹操后,周瑜利用水军拦截了曹操军队试图逃跑的船只,将它们全部消灭后,他亲自带领大军沿江逆流而上,追击曹操的补给船队,并最终在巴丘(今湖南省岳阳市)附近的金沙堆地区追上了他们。

负责曹军运输船队的是长水校尉任峻,面对无法逃脱的局势,他选择焚烧所有物资,并乘坐小船逃离。

第五章 听他的都赢了,不听他的都输了

随后,周瑜对曹操进行了紧追不舍的追击,直到曹操安全抵达江陵时,周瑜的舰队也已经接近江陵。

曹操带来的精锐部队在赤壁之战中几乎全军覆灭,因此他们没有勇气再次面对周瑜的攻击。

与此同时,曹操担心孙权可能趁此时机攻击合肥(今安徽省合肥市北部),进一步煽动北方的州郡造反,从而将自己辛苦打下的江山彻底断送。因此,他只能留下曹仁和徐晃驻守江陵,乐进守卫襄阳(次年前往合肥协助张辽防守),张辽和李典驻守合肥(张辽为主将,李典为副将),而他自己则带领部分军队返回许都(另有说法是次年十二月,曹操才命令张辽、李典、乐进带领七千士兵驻守合肥)。

此后,曹操着手集结北方各郡的军队进行军事演习,以此震慑那些心怀不轨的势力,消除他们的叛乱企图。

在曹操撤退回许都的同时,刘备和周瑜的军队在江陵成功会合。

正当周瑜准备对江陵发起攻势时,刘备却向周瑜提出要求,希望能获得一块地盘以集结部队。由于在赤壁之战中,主要是江东的功劳,刘备并没有做出太多贡献,因此根据双方的"协议",

荆州应归江东所有。因此,刘备需要向周瑜"借用"一块地盘来驻扎军队。

周瑜认为刘备的请求合理,于是将江陵南面的油江口地区交给了刘备,供其集结兵力。刘备接管油江口后,将其改名为公安。

四、不听他的都输了

谈论起曹操,这位乱世中的雄杰,他的败北确实是一个引人深思的问题。张作耀先生在其著作《曹操评传》中对此进行了深入的分析。在当时,曹操的优势是巨大的,我们可以逐一梳理。

首先,曹操掌握着皇帝这张王牌,可以指挥各个军阀,无人敢轻易与他为敌,这是他在政治上的一大利器。其次,他轻松夺取了荆州,声威大震,令无数人心生畏惧,其威慑力不容小觑。再次,当他南下时,势如破竹,士气高涨,用刚刚取得胜利的锐气之师去攻击那些已经胆寒的敌军,在气势上占据了压倒性的优势。最后,在兵力上,曹操拥有的军队是孙刘联军的数倍,军事优势显而易见。

然而,拥有如此优势的曹操,为何最终却遭遇了失败?

第五章　听他的都赢了，不听他的都输了

探讨曹操在赤壁之战中的失利，深入分析会发现，战略上的失策是主要原因。张作耀先生与众多学者对此进行了详尽的讨论，今天我们就来探讨这个话题。

当时的曹操正处在事业的巅峰，但他的战略意图显得不够明确。他的目标是占领荆州，还是企图一举吞并江东？是意图消灭刘备，还是计划将孙权也一并除掉？看起来他似乎什么都想要，但最终未能达成任何明确的目标。实际上，曹操的野心不应该如此之大，他应该采取稳健的策略将重点放在荆州和刘备上，这才是上策。

回想当阳之战，曹操大败刘备，本应乘胜追击，在刘备逃至夏口之前彻底消灭他，甚至可能一并捕获鲁肃。即使未能完全消灭刘备势力，至少也应拦截他，切断其与江东的联系，迫使他向南逃往苍梧。若如此，后续的战局走向将截然不同。

然而，曹操在关键时刻放过了刘备，转而直奔江陵。其实，江陵的军需物资完全可以交由后续部队处理。刘琮已降，襄阳已得，江陵也应唾手可得。但曹操的这一疏忽，无异于放虎归山。不过，当时尚未为时过晚，若曹操能在江陵稍作休整，然后迅速东进，赶在孙刘联盟形成前行动，战局仍有转机。毕竟，孙刘联

盟的形成需要时间,只要孙刘未能联手,曹操要击败刘备仍是易如反掌。

然而,曹操在江陵停下了脚步,而且这一停就是两个月之久。在这段时间里,他并没有完全休息,而是忙于稳定荆州的官民,任命刘琮为青州刺史,文聘为江夏太守,释放了被刘表囚禁的韩嵩,并封赏了蒯越等15人为侯。这些事务确实需要有人处理。

但是,曹操在停留期间本应听从贾诩的建议,采取温和政策使江东归顺。可他没有这样做,而是在江陵逗留了两个月之后,又急忙向东进发。这两个月的时间既不算长也不算短,却造成了不小的延误!如果曹操停留的时间更短,孙刘联盟还未形成,他的对手就只有刘备;如果停留的时间更长,那么战争的准备将更加充分,作战的时机也会更佳。比如,如果等到次年春天再向赤壁进军,可能就不会遇到那么多问题。遗憾的是,曹操这一步走得令人费解,最终导致他不得不败退华容道。

实际上,曹操当时还有另一种战略选择,那就是他本人留在江陵,派遣一位得力将领率军攻打夏口,无论是占领夏口还是坚守,都是可行的。当时,刘琦驻守夏口约有一万兵力,关羽在

第五章　听他的都赢了，不听他的都输了

江陵同样掌握着一万兵力。刘备在当阳战败后，无法返回江陵，只能"斜趋汉津"，与关羽会合，渡过沔水，又遇到江夏太守刘琦，最终一同前往夏口。在这种情况下，如果曹操用五千轻骑兵攻击刘备，确实存在一定风险。但如果他派遣大军，包括步兵和骑兵，从襄阳或江陵出发，胜算就会大大增加。至少，大军逼近夏口，对孙权而言无疑是一种巨大的威慑。那时，不仅是张昭等人，就连孙权本人，恐怕也会在心里仔细权衡。

其实曹操在一开始就应该以陆军为主要力量，沿着陆地向东推进，控制长江两岸，并选择合适的地点进行战斗。曹操的陆军经验丰富，勇猛无比，而水军则稍显不足。自己训练的水军缺乏实战经验，而从荆州投降的军队又人心不稳。这样的军队，怎能作为先锋或主力呢？

即使之前的决策都不正确，曹操在巴丘遭遇瘟疫时还有最后的机会翻盘，那就是立即停止前进，甚至撤退回江陵。留在巴丘，是否会受到孙刘联军的主动攻击还不得而知，但如果撤退回江陵，那场战斗肯定可以避免。可以说，曹操是一步走错，步步皆错。

那么，像曹操这样经验丰富的老将，为何会犯下如此多的错

误呢？张作耀先生在《曹操评传》中提道："根本原因在于思想上的骄傲轻敌。"这是史学家的普遍看法。的确，曹操可能过于自信，对孙刘联盟的可能性评估不足，总以为孙权会像公孙康那样将刘备的首级送来。但他没想到，孙权并非公孙康，此时的局势也与以往不同。王夫之在《读通鉴论》中也指出，曹操之所以能平定北方，是因为诸侯自相残杀，最终只剩下孙、刘两家。如果这两家不联手，就只有死路一条。因此，孙刘联盟是必然的趋势。

通过这样的分析，我们就能清晰地看到，曹操之所以失败，主要是因为他低估了对手；而孙刘联盟能够取得胜利，关键在于他们的联合。这才是问题的核心。至于曹操未能识破黄盖的假投降以及未曾预料到冬季会出现东南风，这些细节相比之下就显得不那么重要了。

讨论赤壁之战，曹操的失败除了之前提及的因素外，还有一个不得不考虑的因素——他的年龄。历史学家吴晗先生在《论赤壁之战里的周瑜、诸葛亮、张昭》一文中，特别列出了当时各位将领的年龄。赤壁之战时，孙权27岁，诸葛亮同样27岁，周瑜34岁，鲁肃37岁，而曹操则是54岁。吴晗先生指出，这场战役不仅是弱者战胜了强者，防守方打败了进攻方，悲愤的军队战胜

第五章　听他的都赢了，不听他的都输了

了骄傲的军队，更是"青年战胜了老将"。吴晗先生还漏掉了一个人，那就是48岁的刘备。即便算上刘备，孙刘联军的指挥官们的平均年龄也仅为34岁，与周瑜同龄。周瑜是孙刘联军的总指挥。因此，赤壁之战也可以视为34岁的周瑜战胜了54岁的曹操，一个年轻将领战胜了一个老将。

然而，必须承认的是，曹操终究是曹操，尽管年岁已高，遭遇了战败，但他那股睥睨天下的英雄气概依旧未减。《山阳公载记》记载，曹操逃出华容道后，脸上洋溢着喜悦。当众人询问他为何如此高兴时，曹操回答说："刘备，他确实是我的劲敌（刘备，吾俦也），只是他行动稍显迟缓。若他在此地设下火障，我们恐怕就真的化为灰烬了。"不久后，刘备确实来放火，但曹操已经远离了那里。

第六章
教科书级的离间计

贾诩——算无遗策的三国第一"毒士"

一、韩遂与马超

随着赤壁之战的尘埃落定，天下的格局再次悄然生变。江东的孙权为了对抗北方的曹操，开始考虑与西部势力结盟。他注意到了韩遂和马超这两股不容忽视的力量。在建安十五年（210）的严冬，周瑜向孙权提出了一个精妙的计策。他建议与孙权的堂弟奋威将军孙瑜合作，领军西征，迅速占领蜀地。占领后，再顺势拿下张鲁的领地，让孙瑜留守，与马超建立牢固的联盟。周瑜本人则计划返回江东，与孙权一起守卫襄阳，对曹操形成夹击之势。周瑜对与马超结盟抱有很高的期望，认为这是战胜曹操的关键一步。但是，天意弄人，周瑜英年早逝，这一宏伟计划也随之破灭。尽管如此，周瑜的这一计划也让曹操感到了一丝不安。

曹操明白，孙刘联盟的势力已经如同熊熊燃烧的大火，不是短时间内能够浇灭的。因此，他选择了战略防守，通过开垦农田来养兵，加强边防的建设，希望争取时间，清除内部的反对势

第六章 教科书级的离间计

力,巩固自己的地位和权力。在接下来的两年多时间里,曹操勤勉治理,使得军队实力得到了进一步的增强,军粮都得到了充分的补充。他重新具备了征服四方的能力。

211年,即建安十六年,曹操终于下令发起一场浩大的西征。此次,他的矛头直接对准了马超和韩遂。

曹操原本计划攻击马超和韩遂,但这两人都是朝廷的官员,并没有明显的反叛迹象,若轻率出兵,可能会缺乏正当理由。然而,曹操不会被这样的小问题困扰,他心中已有了"假道伐虢"的巧妙计策。

在建安十六年春意盎然之际,曹操派遣司隶校尉钟繇去征讨张鲁,并命令征西护军夏侯渊等人率领部队从河东出发,与钟繇会合,共同策划大计。当时,马超和韩遂的军队驻扎在关中,而张鲁则控制着汉中。如果曹操的大军想要从河东出发去讨伐张鲁,必然要经过马超和韩遂的领地。

在出征前夜,曹操派遣荀彧去咨询治书侍御史卫觊的意见。卫觊因为通往益州的道路受阻,留在关中镇守。他对曹操的计划持有异议,认为西部的将领们不过是目光短浅之辈,他们没有争霸天下的壮志,只追求一时的安逸。由于朝廷已经给予他们高官

贾诩——算无遗策的三国第一"毒士"

厚禄，他们已经心满意足，若无重大变故，他们不会轻易采取行动。因此，卫觊建议曹操应该深思熟虑。考虑到张鲁藏身深山，路途险峻，若执意出兵关中攻打张鲁，马超、韩遂等人可能会产生疑心。一旦他们感受到威胁，依靠地理优势和强大的兵力，将难以对付。

荀彧将卫觊的看法转述给曹操，但曹操并未接受。仓曹属高柔也未能理解曹操的深远意图，他警告说："现在轻率地派遣大军西进，马超、韩遂等人可能会误以为这是对他们的攻击，从而联合起来反抗。应当先稳定三辅地区，一旦三辅平定，汉中就可以轻易地通过檄文而定。"然而，曹操的真实目的，实际上是引发韩遂、马超等人的反叛。

正如曹操预料的那样，关中的将领们看到曹军大规模西进，误以为曹操的目标是自己，因此马超、韩遂、侯选、程银、杨秋、李堪、张横、梁兴、成宜、马玩10位将领纷纷起兵反抗，集结了多达十万的兵力驻扎在潼关。

正如胡三省所说，曹操放弃直接攻击关中而选择远征张鲁，实际上是采用了"假道伐虢"的策略。他本意是想攻打马超、韩遂，但由于缺乏正当理由，便先制造出要讨伐张鲁的声势，以此

第六章　教科书级的离间计

诱发他们起兵反抗，然后顺势出兵。胡三省的话一针见血，揭示了曹操的精妙策略。

于是，曹操再次渡过蒲阪（今山西省永济市西），占据了河西地区，并在渭南扎营，他的计划已经成功。由于马超等人的反叛，曹操便有了正当的理由出兵征讨。

马超，字孟起，是扶风茂陵（今陕西省兴平市一带）人。他的父亲马腾，在汉灵帝末年与边章、韩遂等人一同在西州起兵。到了汉献帝即位之初，朝廷封韩遂为镇西将军，马腾为征西将军。最初，马腾与韩遂的关系如同亲兄弟，并结成了异姓兄弟，但后来因为种种原因，两人关系破裂，互相攻击，马腾甚至因此失去了妻子和孩子。

在建安年间，为了稳定关陇地区，曹操派遣司隶校尉钟繇和凉州刺史韦端进行调解。之后，曹操任命马腾为卫尉，实际上是迫使他离开自己的势力范围。马超继承了父亲的事业，接管了部队，并与韩遂联合，同时还联合了杨秋、李堪、成宜等部，一时间势力强大无比。

终究，马超及其同伙还是选择了反抗。得知这一消息后，曹操迅速指派征南将军曹仁担任安西将军，从襄樊地区北上，统领各将领，与马超等人在潼关形成对峙之势。曹操深知关西士兵的勇猛，因此下达了严格的命令："关西的士兵勇猛且善于防守，不要轻易与他们正面交锋。"同时，他精心安排了朝廷中的事务，命五官中郎将曹丕驻守邺城，奋武将军程昱协助曹丕，门下督徐宣担任左护军，负责指挥各军；并委任国渊为居府长史，负责处理留守的相关事务。在一切准备就绪之后，那年的七月，已经57岁的曹操不顾自己的高龄再次亲自奔赴前线。

曹操亲自挂帅迎战马超等势力，有人根据赤壁之战中曹操因不擅长水战而遭遇的失败，警告他关西士兵精通长矛技艺，若非有精挑细选的先锋部队，很难与之抗衡。然而，曹操向将领们表示："战争的胜负取决于我们自己，而非对手。虽然敌人擅长使用长矛，但我有办法让他们无法施展，大家就等着看吧。"

八月，曹操带领着他的大军到达了潼关，与马超等势力形成了对峙的局面。曹操明白，如果直接攻击，马超凭借险要地势进行防守，将很难攻克。因此，他计划绕过潼关，打乱敌人的阵脚。曹操打算北上渡过黄河，再从河西向东渡过，然后在河西建立营地，从南面发起攻击。但是，对于能否成功渡河，曹操并没有十足的把握。于是，他召集了当时担任河东大将的徐晃来商讨

第六章 教科书级的离间计

对策。徐晃提出了建议:"主公在此集结重兵,而敌军并未分散兵力守卫蒲阪津,这说明他们缺乏战略眼光。现在,如果主公能给我一些精兵,我愿意先行渡过蒲阪津,作为先锋,切断敌人的退路,这样敌人就能被我们捕获。"听到这个建议,曹操立刻秘密指派徐晃和朱灵带领四千名步兵和骑兵渡过蒲阪津。

徐晃和部队渡过黄河后,尚未来得及筑好防御工事,马超麾下的将领梁兴就趁夜色带领五千名士兵发起了攻击。徐晃等人勇敢地进行了反击,最终成功击退梁兴,并在河西建立了营地。至此,曹军已经控制了黄河蒲阪段的两岸。紧接着,在闰八月,曹操的主力军开始从潼关北渡黄河。

根据史书记载,曹操渡河的过程充满了惊险。他命令士兵先行过河,自己和百余名精兵留在南岸掩护。面对马超率领的一万多名步兵和骑兵的攻击,曹操保持镇定,稳坐不动。许褚、张郃等人见状,迅速将曹操扶上船。不幸的是,船夫被箭射中身亡。许褚用左手举起马鞍为曹操挡箭,右手则努力划船;校尉丁斐则释放牛马来分散敌军的注意力,敌军见到牛马后开始争抢,导致阵形混乱。在众将的保护下,曹操最终安全撤离了危险区域。

根据《三国志》引用《曹瞒传》的记载,当时河水汹涌,曹

贾诩——算无遗策的三国第一"毒士"

操及其部队在渡河时遭遇了重重危机。马超的骑兵紧追不舍,箭矢如暴雨般袭来。将领们因战况紧急且不知曹操的安危而感到极度恐慌。直到看到曹操安然无恙,他们才感到悲喜交加,有的将领甚至激动得流下了泪水。曹操也是心有余悸,笑着感叹:"今天差点被这些小贼困住了!"

渡过黄河后,曹操从蒲阪津横渡至河西,并沿着河岸建造了一条通道,大军沿着这条甬道浩浩荡荡地向南行进。当曹操的先锋部队到达蒲阪津时,马超已经意识到了曹军的渡河计划。他急忙向韩遂建议:"我们应该在渭北建立防线,阻止曹军的进攻。不出20天,河东的粮草就会耗尽,届时曹军将不战自溃。"然而,韩遂并未采纳马超的建议,他轻描淡写地说:"为何不让他们渡河呢?等他们全部进入河中,我们再攻击,岂不是更痛快?"曹操得知此事后,感叹道:"如果马超不死,我恐怕连葬身之地都没有了!"这番话更加坚定了曹操要击败马超的决心。

曹操率领的军队沿着河岸南进,而马超等人则撤退到渭口,计划利用地理优势来抵御曹军的进攻。曹操想出了一个计谋,他布置了许多迷惑敌人的部队,秘密地派船只载着士兵悄悄进入渭水,构筑了浮桥。到了晚上,又在渭南分散设立了营地。马超等人试图攻击这些营地，却一再被曹军的伏兵击退。面对这种情况，他们只能选择在渭南驻扎，并派出使者向曹操求和，提出"割让河西地区"。然而，曹操在军事行动中向来追求全胜，他不会轻易接受这样的条件。

时间飞逝，九月来临，曹操的军队已完全跨越了渭水。根据《曹瞒传》的记载，每当曹军的一部分士兵尝试渡河时，马超的骑兵就会发起攻击，使得营地难以稳固，加之当地沙土遍布，筑堡工作难以进行。在曹军面临困境之际，谋士娄子伯提出了一个计策："目前天气寒冷，我们可以用当地的沙土筑墙，再以水浇灌，一夜之间就能建成。"曹操听后非常高兴，立刻"命令制作大量缣囊运水，夜间派兵筑墙。到了早晨，城墙已经坚固地矗立，曹军也顺利地全部渡过了渭水"。

至此，马超等人陷入了混乱，他们失去了以往的战术秩序，时而试图发起挑战，却被曹军忽略；时而请求割让土地以求和平，甚至提出以儿子作为人质。

二、离间计

面对马超和韩遂的联合，曹操虽然已有计策，但他还是想征求贾诩的看法。毕竟，贾诩对那里的情况非常熟悉。

"文和，对于马超、韩遂，我们应如何是好？"曹操询问道。

贾诩微笑着，似乎已胸有成竹："这个问题不难解决，我们可以先接受他们的请求，使他们放松警惕。"

听到这里，曹操的眉毛微微上扬，鼓励贾诩继续说下去。

"接下来，就是运用'离间'的策略。"贾诩淡淡地说，"凉州的将领们天生多疑，只要稍加挑拨，他们内部就会自乱阵脚。"

曹操听后立刻领悟，一拍腿赞叹道："妙极了！文和的计策真是绝妙无比！"

根据《三国志·魏书·荀彧荀攸贾诩传》的记载，曹操之所以能够战胜韩遂和马超，贾诩的精妙计策起到了关键作用。

凉州的将领们有一个显著的特点，那就是他们的疑心非常重。贾诩对此有着深刻的理解。马腾和韩遂虽然都属于凉州军，但他们之间充满了矛盾。最初，他们曾"结拜为异姓兄弟"，关系看似非常亲密。然而，随着时间的推移，两人为了争夺势力范围，最终变成了敌人。马腾攻击韩遂，韩遂逃走后重新集结军队反击马腾，甚至杀害了马腾的家人，双方的军队年复一年地交战，彼此之间势同水火。

第六章　教科书级的离间计

直至建安初期，由于司隶校尉钟繇的介入调解，那场持续已久的纷争才得以暂时平息。到了建安十三年，朝廷召马腾入朝，授予他卫尉的职位。马超的兄弟马休和马铁也分别被任命为奉车都尉和铁骑都尉，他们的家属则被全部迁移至邺城。与此同时，马超被封为偏将军，继续领导留在关西的马腾旧部。

经过这一系列的变故，凉州兵团内部的纠纷变得更加复杂。曹操和贾诩正是利用了这一点，精心策划了离间计策。

在两军对峙时，表面上进行和谈，实际上暗潮汹涌的时期，曹操准确地发现了挑拨韩遂和马超关系的良机。他首先利用韩遂主动要求会面的机会，巧妙地上演了一场让敌人起疑的大戏。

根据史料记载，韩遂提出要见曹操时，曹操便精心布局了这次会面。由于他们年龄相仿，且都曾是孝廉，这份特殊的"缘分"使得两人的会面显得异常亲切。曹操特意安排了一次"并骑"交谈，两人骑马并行，马头相接，宛如旧友般亲密。他们的对话持续了数个时辰，远远超出了一般的会面时长。而他们的谈话内容，却都是关于京城的往事、往昔的友谊，对于当前的军事冲突只字未提。在谈话的高潮部分，两人甚至拍手大笑，气氛之和谐，仿佛回到了青春时代。

曹操的行动显然是精心策划的，每个步骤都充满了深意。他特意挑选了与韩遂亲密交谈的方式，并且故意延长了对话的时间，同时选择了一些与军事无关的话题进行讨论，最终以"拊手欢笑"结束，制造出一种和谐的气氛。这些行为的目的是让马超等人产生怀疑。

韩遂和马超之间原本就存在分歧，他们目前的合作仅仅是基于短期利益。面对曹操与韩遂之间如此密切的长时间对话，马超等人自然会好奇。他们很可能会询问曹操究竟与他讨论了什么。而韩遂可能真的认为这些话题只是无关紧要的往事，或者认为没有必要让马超等人知道，于是他轻描淡写地回答："没什么特别的。"

这确实令人费解。长达数个时辰的欢声笑语，众人皆知，怎能声称没有谈及任何特别之事？这让马超等人心生疑虑，对韩遂也更加警惕。曹操以静制动，巧妙地在韩遂和马超之间播下了怀疑的种子。

接下来，曹操采取了第二个策略，他打算展示军威以震慑敌人，但对韩遂等人表现出异常的友好。在与韩遂初次会面后的第三天，曹操邀请韩遂和马超单独骑马交谈，进一步实施他的威慑

第六章　教科书级的离间计

和离间计策。

在这次会面中，曹操精心准备，心中策划了三步策略。首先，他对马超表现出明显的不信任，与对待韩遂的态度大相径庭。根据《三国志·魏书·武帝纪》引用《魏书》的记载，曹操的部将们特别告诫他："与敌对话，不可大意，应设立木行马以作防护。"曹操同意了这一建议，显示出他对这次对话的重视程度。毕竟，马超不同于韩遂，曹操对他既要采取双重策略，又要提前设防，让马超清楚地知道曹操对他并不信任。所谓的"木行马"，是用木材搭建的隔板，放置在两匹马之间，形成了一道临时的隔离墙。除了这个措施，曹操还安排勇将许褚紧随其后，手持兵器，以防马超突然攻击。事实证明，曹操的担忧并非杞人忧天，马超确实有趁机攻击的意图，这一点在《三国志·魏书·马超传》和《三国志·魏书·许褚传》中均有记载，尤其是《三国志·魏书·许褚传》中的描述更为生动。曹操与韩遂、马超单独对话，左右侍卫不得随行，只有许褚在侧。马超自负勇力，暗中打算突袭曹操，但因早闻许褚之勇，怀疑随行的骑士就是许褚，于是询问曹操："您身边的虎侯在哪里？"曹操指向许褚，许褚怒目而视，马超不敢轻举妄动，最终各自散去。

贾诩——算无遗策的三国第一"毒士"

在同时进行的另一场对话中，曹操对韩遂及其部下阎行的态度则显得温和许多。他以平和的语气提醒阎行："别忘了尽孝。"这句话虽然直接对阎行说，但实际上意在向马超传递信息，暗含深意，充满了隐隐的威胁。这是因为当时阎行和马超的父亲都被扣留在邺城作为人质。

此外，曹操还巧妙地展现了自己的智慧和勇气。在阵前，他泰然自若，韩遂和马超的部将们纷纷在马上行礼致敬，兵卒们也纷纷挤上前来，想要一睹名将曹操的风采。曹操风度翩翩地对众人说："你们是想看看我曹操吗？我和你们一样，也是普通人，没有三头六臂，只是比常人多了几分智谋。"

最终，曹操利用机会展示了他的军事力量。当他宣称自己"智谋出众"时，韩遂和马超麾下的士兵们环顾四周，发现曹操已经部署了五千铁骑，排成十重阵列，铁甲寒光四射，这让士兵们感到一阵寒意。曹操再次与韩遂和马超会面，按常理应当讨论军事事宜，但历史上未留下具体记录。这可能是因为当时的整体氛围比单纯的军事议题更为关键，它更能反映出双方的军事布局和将领们的心态，从而揭示出军事发展的必然方向。通过这次会谈，曹操不仅让敌军感到畏惧，还加深了敌军内部的矛盾，实现

第六章 教科书级的离间计

了一石二鸟的效果。

曹操在第三回合中施展了"混淆视听"的计策。正如《三国志·魏书·武帝纪》记载，曹操曾给韩遂送了一封信，信中内容故意写得混乱不堪，仿佛是韩遂篡改过一样。这种手法让马超心生疑虑，对韩遂的信任大打折扣。曹操用兵如神，他不拘泥于战场上的诚信，坚信兵不厌诈才是取胜之道。至于信件的具体内容，其实并不关键，关键在于曹操的策略。其精妙之处在于他预见马超会偷看这封信，因此故意使信中内容含混不清，不改则意义不明，疑点重重；若改，则必须改得天衣无缝，让人一眼就能看出是有意为之。这样一来，马超对韩遂的怀疑便愈来愈深。

谈及曹操的分化策略，它接连奏效，使得韩遂和马超的联盟内部人心惶惶，军队的士气也变得低落。曹操见时机已到，迅速向对方发出挑战，约定了决战的日期。尽管韩遂、马超以及关中的将领们人数众多，但他们的意见并不统一。韩遂与马超之间本就存在矛盾，联盟中缺乏一个能够统一指挥、赢得众人信服的领导者，这使得整个军队如同一盘散沙。因此，尽管关西联军在人数上占据优势，实际上战斗尚未开始，就已经在气势上败下阵来。

战斗当日，曹操首先派遣轻装部队前去挑衅，故意向敌军展示出一种弱势的姿态。经过短暂的交战，敌军观察到曹军似乎并不强大，因此放松了警惕。就在这时，曹操迅速出击，果断派遣精锐骑兵从两侧发起突袭，打了敌人一个措手不及，成宜、李堪等将领被斩杀。面对这样的局势，韩遂和马超惊慌失措，急忙逃回凉州；而杨秋则逃至安定。到了冬季十月，曹操率领大军从长安出发北上，征讨杨秋，将安定城团团围住。面对曹操的强大军力，杨秋无计可施，最终选择了投降。曹操展现出宽容的态度，不仅恢复了杨秋的爵位，还允许他继续治理当地的民众。

关中地区恢复平静后，曹操于十二月离开安定，返回途中指派夏侯渊留守长安，并任命议郎张既为京兆尹。时间飞逝，到了建安十七年的正月，曹操已经回到了他的根据地邺城。

曹操回到邺城不久，便在几个月后对马超家族进行了严厉的打击，处决了马超的父亲马腾及其兄弟马休、马铁，并株连马腾的三族，同时连韩遂派来的质子也未能幸免。曹操的预判得到了验证，他仅用部分兵力就足以击退敌军。到了七月，夏侯渊还协助左冯翊郑浑在蓝田战胜了马超残余势力梁兴，迫使马超只能龟缩在凉州不敢轻举妄动。

第六章　教科书级的离间计

此外，曹操正在筹划对孙权的新一轮军事行动。自赤壁之战后，曹操将孙权视为主要对手，所有的军事部署都是为了未来能从襄樊出发，向东进攻孙权，以消除后顾之忧，避免陷入两线作战的困境。随着关中的稳定，对孙权的征讨计划也被提上了日程。

第七章

暗助曹丕

曹操晚年，继承权的问题成为一个迫在眉睫的议题被明确地提了出来。曹丕、曹彰、曹植这三位由卞夫人所生的公子为了争夺至高无上的权力进行了一场极为激烈的竞争。为了平息这场争端，曹操甚至采取了极端手段，制造了一系列的冤案和流血事件，令人唏嘘不已。

更加令人困惑的是，那些立场鲜明的高官，比如支持曹丕的崔琰，最终被赐死；而支持曹植的杨修，同样未能幸免，被曹操下令处决。这让人不禁对曹操心中的真正继承人人选产生了疑问。

必须指出，作为历史上的杰出人物，曹操拥有众多的妻妾和子嗣。据历史资料统计，他至少有15位妻子和25个儿子。原本最有可能继承他位置的长子曹昂，在建安二年（197）的战斗中牺牲；而另一个曹操深爱的儿子曹冲，也在建安十三年（208）五月因疾病去世。其他的儿子，要么早逝，要么才能平平，只有

第七章 暗助曹丕

曹丕、曹彰、曹植三人显得较为突出。

《三国志·魏书·曹冲传》中提到,曹冲去世时,曹操极度悲痛。曹丕试图安慰他,曹操却叹息着说:"这是我个人的不幸,却是你们的幸运。"这里的"你们",显然指的是曹丕、曹彰和曹植这三个儿子。

这三位公子均出自卞夫人,个个胸怀大志,梦想着攀上权力的最高点。回顾往昔,曹操的原配丁夫人因养子曹昂之死而离开曹操,卞夫人遂成为正室。根据"立嫡"的传统,继承人理应从卞夫人的子嗣中选出。

卞夫人共有四子,曹熊早逝,余下的便是曹丕、曹彰和曹植。这三人不仅出身显赫,而且各具特色,才华横溢,超越了曹操的其他子嗣。因此,无论是遵循"立嫡"还是"立贤"的准则,他们都是最有资格的继承者。于是,这场激烈的继承权争夺战便在卞夫人的这三个儿子之间展开。

那么,曹操最终会选择谁来继承他的事业呢?

历史学家们普遍认为,曹彰这位公子并不在曹操继承人的候选人名单之中。然而,不可否认的是,曹彰确实是一位非凡的人物。《三国志·魏书·曹彰传》中记载,他自幼便擅长骑射,胆识过人,力大无穷,一旦投身战场,便能屡建战功,功绩如同泉涌。

公元218年,即建安二十三年,代郡的乌丸部族造反,曹操决定派遣曹彰前去平叛。曹彰遂以北中郎将和行骁骑将军的名义率领大军出征。出发前,曹操紧握曹彰的手,严肃地告诫他:"我儿,在家中我们是父子,在军中则是君臣,你务必要为国家争光。"曹彰深知自己肩负的重任,在征战中,他身先士卒,勇猛冲锋,亲自射杀敌军骑兵,敌军纷纷倒下。曹彰自己虽身中数箭,却斗志更盛,最终取得了压倒性的胜利。那些原本持观望态度的鲜卑部落,见曹彰如此英勇,纷纷选择归附。因此,北方地区得以平定,曹彰建立了巨大的功勋。

凯旋之后,曹彰不仅慷慨地犒赏了士兵,还采纳了曹丕的建议,在向曹操汇报战果时,将功劳归给了诸位将领。曹操听后非常高兴,拉着曹彰的黄色胡须称赞道:"黄须儿,你真是出乎我的意料!"他的自豪之情显而易见。

实际上,曹操对这个儿子一直抱有很高的期望。根据《三国志·魏书·曹彰传》中裴松之引用的《魏略》记载,在汉中之战期间,刘备据守山上,派遣刘封下山挑战。曹操见状,大声斥

第七章 暗助曹丕

责:"卖草鞋的,你为何总是派个养子来作战?等着瞧,我会让我的黄须儿来对付你!"话语中透露出他对曹彰的极大信心。

然而,曹彰存在一个明显的缺陷,那就是他虽然勇猛却缺乏谋略,并且不重视学习。曹操曾就此问题对他进行过教导,指出:"你总是沉迷于舞枪弄棒、打猎放鹰,这只是一时之勇,不足以成就大业。"因此,曹操安排他学习《诗经》和《尚书》。但曹彰对此并不认同,他私下里对别人说:"真正的男子汉,应该像卫青、霍去病那样,统领千军万马,纵横沙场,建立不朽功勋,怎么能依靠几本旧书?"这种观念显然与成为一位君主的标准有所偏差。

曹操曾经对曹彰进行过一番考察,他询问过自己的儿子们各自的兴趣和志向。曹彰毫不犹豫地回答:"我只想成为一名将军!"曹操接着问:"你打算如何做将军?"曹彰回答说:"身穿战甲,手握兵器,面对挑战不退缩,冲锋在前,公正地奖惩。"听到这样的回答,曹操大笑。如果曹操曾经考虑过让曹彰继承大位,那么这个念头可能就在笑声中消散了。因为曹操明白,曹彰或许能成为一名出色的将军,但作为一位君主或皇帝,他可能并不合适。

剩下的两位继承者候选人是曹丕和曹植。坊间流传着许多说法，认为曹操原本倾向于立曹植为继承人，但由于曹丕的暗中操作和曹植自身的连续失误，最终让曹丕占据了优势。《三国志·魏书·曹植传》中也有类似的记载，详细地提到曹植"多次接近成为太子"。分析其原因，主要有两个：一是曹操对他的特别偏爱，二是曹植的才华出众。这两个因素实际上是相互促进的，正是因为曹植每次应对曹操的询问都能机智回答，才获得了曹操的特别喜爱。

不过，从笔者的视角来看，这两个原因恰恰证明了曹操不可能选择曹植作为继承人。

首先，谈谈"偏爱"。曹操对曹植的偏爱是显而易见的。但正是这份偏爱，使得他更不可能将曹植立为太子。为什么呢？因为立储是有既定规则的，主要可以分为四大原则：立嫡、立长、立贤、立爱。按照传统观念，最理想的是立嫡，即选择正妻所生的长子作为继承人。如果长子同时也是嫡子，那么他无疑是最合适的继承人。如果嫡子不是长子，或者长子不是嫡子，那么宁愿选择年幼的嫡子，也不选择年长的庶子，这称为"立嫡不以长"。如果嫡子有多个或者都是庶子，那么选择年长的，不考虑品德和

第七章 暗助曹丕

才能,这称为"立长不以贤"。当然,立贤也是可行的,毕竟一个贤明的君主对国家和百姓都是有益的,大家也能接受。但最不可取的就是立爱,因为这完全是基于个人偏好,必然会遭到反对。

总结来说,确立继承人的原则,首先考虑的是立嫡,其次是立长,再次是立贤,最后才是立爱。选择曹丕作为继承人,既符合立嫡也符合立长的原则;而选择曹植,则更多是基于个人偏爱。那么,曹操会选择哪一个呢?没错,虽然曹操有时不拘泥于传统,喜欢打破常规,但他不太可能愿意承担"立爱"的不良名声。更何况,曹操并不是只偏爱曹植这一个儿子。

可能有人会提出异议,认为曹操立曹植并非出于偏爱,而是基于其才能,即"立贤"。曹操一直强调"唯才是举",怎么会被传统观念所束缚?自然会选择最有才华的曹植!然而,这种观点实际上也难以站得住脚。

曹植无疑是一位才华出众的青年才俊,其文学天赋令人赞叹。根据《三国志·魏书·曹植传》的记载,曹植自幼便能撰写文章,曹操在阅读他的作品时,惊讶到怀疑这些作品是否出自他人之手。曹植则自信地回应:"我能够即兴成文,提笔成章,现场就能创作，无需他人代劳。"后来，当铜雀台落成时，曹操命其子登台赋诗，曹植提笔疾书，迅速完成了一篇优美的文章，令曹操赞叹不已。

然而，选拔继承人不能仅凭文章写得好，政治智慧同样重要。曹操在这方面确实对曹植进行了考察，并对他抱有很高的期望。建安十九年（214），曹操出征对抗孙权时，让曹植留守邺城，并深有感触地对他说："我23岁时担任顿丘令，至今想来，并无遗憾。现在你也23岁了，务必要努力工作！"

至于曹植的表现，《三国志·魏书·曹植传》中并未详细描述，但可以推测他的表现应该是可圈可点的，否则后来不会有"多次接近成为太子"的记载。但曹植后来的表现似乎并不理想，最终甚至失去了曹操的宠爱，这其中的原因颇为复杂。

首先，曹植在留守邺城期间是否有什么杰出的表现？如果有，为何历史文献中并未有所记录？其次，曹植开始表现尚可，为何后来的表现急转直下？《三国志》中的相关记载显得模棱两可，似乎在回避某些事情。但笔者认为，如果曹植在政治上真的有所成就，那是不可能被隐藏的。实际上，曹植不太可能做出什么重大的政治举措。一方面，曹操本人的影响力太大，他的子嗣

第七章 暗助曹丕

中,除了曹彰能参与军事行动外,其他人难以有所表现。另一方面,曹植似乎也不具备政治上的成熟度。

在《三国志·魏书·曹植传》中,对于曹丕争夺继承权的成功和曹植的失败,采用了含蓄的表达方式,指出曹植"行为放纵,不自我约束,饮酒无度",而曹丕则"运用策略,伪装自己,赢得宫中人员的支持"。简而言之,曹丕通过控制自己的行为和赢得人心,使得曹操最终选择了他作为继承人。这些复杂的原因,可能只有当事人才能真正了解。

这也可能是事实,因此后人往往对曹植抱有同情,而对曹丕则缺乏同情,甚至有些轻视。在我们看来,"任性而行"显然比"矫情自饰"更让人喜爱。"矫情自饰"不仅不讨人喜欢,甚至让人感到不适。但这仅是我们的观点,并不是曹操的想法。曹操当时考虑的不是"谁最可爱",而是"谁最可靠"。

可靠体现在哪里?它体现在政治上的可靠。那么,政治上的可靠意味着什么?意味着能够确保曹魏的政权持续不断地传承下去。这就不仅仅关乎个人的性格,而是关乎一个人的谋略。一个缺乏谋略的人不适合成为曹魏政权的继承者,"任性而行"也不是政治领袖应有的特质。

贾诩——算无遗策的三国第一"毒士"

有人可能会说，曹操也是性情中人，那么曹植的"任性而行"不正是继承了他父亲的特质吗？确实，曹操是一个性情中人，但我们也不能忽视他狡猾和精明的一面。他的两个儿子分别继承了他的这两种性格，这就像是鱼与熊掌不可兼得，让曹操陷入了两难的境地。

经过深思熟虑，最终理智占据了优势。毕竟，当时的天下动荡不安，曹魏势力也面临着来自各方面的威胁。选择一个有谋略的人，总会更加安心。张作耀先生在其著作《曹操评传》中提到"从治国的大局来看，曹植确实不如曹丕"。笔者十分认同这一观点。

实际上，仅从才能的角度来分析，选择曹丕似乎比选择曹植更为恰当。卞夫人所生的三个儿子——曹丕、曹彰、曹植，都具有才华，但他们的才华各不相同。陈寿评价曹彰"武艺出众，具有将帅之风"，而对曹植的评价则是"文采飞扬，足以流传后世"。由此可见，曹彰以武艺见长，曹植以文才著称，而曹丕则兼具文武之能。

曹丕在当时也是一位杰出的诗人，与曹操、曹植并称"三曹"。虽然在"三曹"中，曹丕的诗歌可能不如其父和其弟那样

第七章 暗助曹丕

引人注目,但他在文学史上也占有一席之地。原因何在?首先,他的作品具有创新性,尤其是《燕歌行》,被看作是七言诗的开山之作。其次,他有理论贡献,《典论·论文》是中国文学批评史上的里程碑。鲁迅在讲述文学史时,甚至将魏晋时期称为"曹丕的时代",视其为"文学自觉"的象征。曹丕凭借这两个划时代的成就,在文学上的资本可谓雄厚。

曹丕在武艺方面同样表现出色,无论是骑术还是剑术,他都达到了顶尖水平。他的骑射技艺极为高超,能够追逐猎物至十里之外,射箭常能命中百步之遥的目标;在剑术上,他的技艺足以与当时的武术大师一较高下。根据《典论·自叙》的记载,曹丕曾以甘蔗代剑,与奋威将军邓展进行比试,最终大败邓展。因此,我们不能因为曹植的才华就忽视曹丕的能力。实际上,与曹植和曹彰相比,曹丕展现了更为全面的才能。

况且,曹丕还拥有一个重要的优势,那就是他的年龄最长。按照传统和规矩,立嫡长子是惯例,即便是汉高祖刘邦也得遵循。在曹操征询意见时,主流观点亦是如此。

《三国志》中的《崔琰传》《毛玠传》《邢颙传》和《贾诩传》均记载了这些观点。其中,贾诩的反应最为耐人寻味。曹操曾私下询问贾诩,究竟哪位继承人更合适,贾诩却缄默不语。曹操追问他为何不回答,面对贾诩的沉默,曹操不允许这个老谋深算的人逃避,最终曹操打破了沉默,催促贾诩开口:"你有何想法?"

贾诩回答说,他刚才正在沉思。曹操追问,沉思何事?贾诩提及,他在思考袁绍和刘表的往事。众所周知,袁绍和刘表之所以导致内部分裂,走向灭亡,是因为他们选择了立幼子而非长子。

曹操初闻此言,先是放声大笑,随即神色变得严肃:"废长立幼会导致失败和灭亡?你怎敢如此揣测我的心意?"

贾诩立刻拱手表示:"老臣不敢。"

曹操随后叹了口气,感慨道:"实际上,我感到非常孤独。"

贾诩点头,表示他理解曹操的感受:"确实,居高位者常常感到孤独。虽然我也被封为侯,但从未自视为孤独之人。虚名容易获得,真正的灾难却难以预防,殿下的话非常有道理。"

曹操表示同意:"我虽然身不由己,但你不必如此。"

贾诩感激地鞠躬:"感谢殿下的宽容。"

曹操的情绪突然变得忧郁:"看来,我真的变成了孤家寡人。"说着,他竟然流下了泪水。

第七章　暗助曹丕

贾诩抬头安慰曹操："殿下不必过于悲伤。我刚才只是在遵守臣子的礼节。我之所以行事谨慎，并非为了自保，而是因为我明白作为降臣应该守本分。超脱世俗，才能公正无私地为殿下出谋划策。既然殿下询问，我定会知无不言。"

曹操的语气变得温和："那么，你说说看。"

贾诩随即叙述道："在王粲的葬礼上，临淄侯（曹植）诵读了悼词，而五官中郎将（曹丕）却模仿了驴的叫声，这件事是真的吗？"

曹操确认说："确实发生了。那又意味着什么？"

贾诩回应："那模仿驴叫的声音和殿下您的声音非常相像。"

曹操忍不住笑了："还有别的吗？"

贾诩接着说："吴质表现得很稳重，司马懿能够忍耐，杨修行为轻浮，丁仪则过于放肆。"

"已经有三个理由了，还有吗？"曹操继续追问。

贾诩沉思了一会儿："书架上那两堆竹简，哪一堆放的是推荐五官中郎将的？"

曹操反问道："文和你怎么看？"

贾诩回答："数量较多的那一堆。"

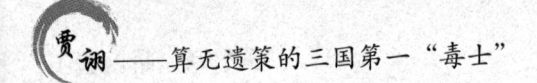

这场关乎魏国未来继承者的讨论，在《三国志·魏书·荀彧荀攸贾诩传》里被描绘得栩栩如生：

> 太祖又尝屏除左右问诩，诩嘿然不对。太祖曰："与卿言而不答，何也？"诩曰："属适有所思，故不即对耳。"太祖曰："何思？"诩曰："思袁本初、刘景升父子也。"太祖大笑，于是太子遂定。

实际上，曹操对于继承人的选择早有打算。在建安十六年（211），他的几个儿子，包括曹植在内，都被赐予了侯爵的封号。然而，对于曹丕，曹操并未授予侯位，而是任命他为五官中郎将，并赋予"置官属，为丞相副"的职责。这个五官中郎将的职位，名义上品级不高，仅相当于宫中卫队的一名小队长，通常不具备配置下属官员的资格，更谈不上成为丞相的助手。

曹操这样安排，用现代的话来说，就是"低职高配"。虽然名义上职位不高，但实际上的地位很高、权力很大，五官中郎将的实际权力远胜于一般的侯爵。显而易见，曹操对曹丕有着特别的期望。

第七章　暗助曹丕

因此，到了建安二十二年（217）十月，曹操在立太子之际，发布了《告子文》，其中提道："你们都被封为侯爵，只有子桓（曹丕）没有，他仅担任了五官中郎将，那么太子的人选，不是显而易见吗？"由此可见，曹丕之所以最终被曹操选为继承人，主要是因为他精于谋略、文武兼备，并且是长子，这三个优势使他在竞争中胜出。

若论曹丕最终胜出的关键因素，不可忽视的是他得到了智者的辅助。自从曹丕与曹植为争夺太子之位而展开较量，曹操麾下便悄然分成了两个阵营，或称为两个政治派系。《三国志·魏书·荀彧荀攸贾诩传》中描述这种情况为"各有党与"。

在曹植的阵营中，拥有丁仪、丁廙、杨修这三位谋士，阵容颇为强大。而曹丕这边，主要依靠的是吴质一人。然而，遗憾的是，尽管有"三个臭皮匠"，丁仪、丁廙、杨修三人的智慧并未能超越"诸葛亮"，甚至连对抗吴质一人也显得力不从心。

吴质，字季重，来自济阴（今山东省菏泽市定陶区）。根据《三国志·魏书·吴质传》中裴松之引用《魏略》的记载，他因"博学多才"而受到曹丕及其他诸侯的青睐。在曹丕与曹植争夺继承权的斗争中，吴质坚决支持曹丕。他给曹丕的建议可以概括

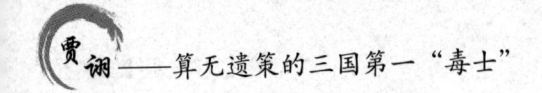

为两点：一是"表达忠诚"，二是"制造疑虑"。

《三国志·魏书·吴质传》裴松之注引《世语》记载了这样一个事件：曹操出征时，曹丕和曹植都前去送行。曹植以华丽的言辞颂扬曹操，赢得众人的称赞，曹操也感到满意。曹丕内心不悦，这时吴质暗中建议他："大王即将出发，流泪可表真情。"曹丕听从了吴质的建议："泣而拜"，哭得极为感人。曹操和在场的其他人都被感动得落泪。结果不出所料，曹操更加感动，众人也觉得虽然曹植言辞华丽，但在诚意上不及曹丕。吴质的计策简单、直接且成本低廉，却使曹丕有效地胜过了曹植。

吴质的能力非凡，这使他成为曹植阵营中人的眼中钉，他们密切关注着吴质的一举一动。根据《三国志·魏书·曹植传》中裴松之引用《世语》的记载，曹丕曾用废弃的"簏"（一种由竹条、藤条或柳条编织的筐）秘密将吴质运送到自己的府邸，以商讨对策对付曹植。这一行动被杨修发现并报告给了曹操，但由于时机已晚，未能及时查证。曹丕感到非常焦虑，向吴质求教对策。吴质镇定地回答："无需担忧！"随后给出了他的计策。

几天后，曹丕再次运送"簏"进入府邸，杨修再次上报。曹操迅速派人检查，发现里面装的是丝绢。这使得曹操"由此生

第七章 暗助曹丕

疑",开始怀疑曹植和杨修等人可能在设计陷害曹丕。

吴质之所以能够成功,是因为他深知曹操的性格。他知道曹操虽然重视才能,但更看重情感,因此建议曹丕"表达忠诚"。他还知道曹操生性多疑,对聪明人尤其如此,因此建议曹丕"制造疑虑"。与此相比,杨修就显得不那么高明了。他总是自作聪明,提出一些不明智的计策。

杨修习惯揣摩曹操的意图,但他的问题在于只会猜测而不善行动。根据《三国志·魏书·曹植传》裴松之引用《世语》的记载,杨修经常为曹植提前准备许多可能的问题和答案,仿佛他自己在应对曹操一样。每当曹操询问曹植时,曹植就会提交那些提前准备好的答案,试图给曹操留下反应迅速的印象。然而,杨修在执行中不够谨慎,没有控制好时机,导致"问题刚出,答案已至"的局面。曹操发现这一点后,心中产生了怀疑:即便曹植再怎么聪明,也不可能这么迅速。经过调查,事实浮出水面。自此,曹操对曹植有了成见,对杨修更是深恶痛绝。

杨修的预测有时准确有时不准确。就拿那次事件来说,根据《三国志·魏书·曹植传》裴松之引用《世语》的记载,曹操让曹丕和曹植各自出邺城门外办事,却秘密命令门卫不放他们出去。杨修自认为猜透了曹操的意图，提前告诉曹植："如果门卫不让你出城，你可凭王命将其斩杀。"结果曹植出去了，曹丕却未能出去。

曹操这一布局，实际上是对两位公子的全面考核，不仅考察他们的才智，更考察他们的德行。曹植虽然表面上赢得了这场较量，但在曹操心中留下了曹丕仁慈、曹植残忍的印象，实际上却是失败的。杨修只知表面，未见本质，目光不远，思考也不深，终究只是小聪明。他的小聪明怎能与吴质的大智慧相比较？更何况曹丕身边只有吴质一位谋士，而曹植那边却结党营私，这也是曹操所不能容忍的。

回顾起来，虽然吴质比杨修略胜一筹，但与贾诩相比，仍有所不及。吴质向曹丕传授的是"技巧"，而贾诩给予曹丕的，则是更深层次的"原则"。根据《三国志·魏书·荀彧荀攸贾诩传》的记载，曹丕曾派使者向贾诩求教，询问如何稳固自己的地位。贾诩的回答显得非常从容，他说："希望将军能够提升道德，亲自履行士人的职责，勤奋不懈，恪守孝道，仅此而已。"这些话听起来或许有些公式化，却饱含了深刻的道理，因为他触及了问题的核心。

第七章　暗助曹丕

实际上，无论你从事何种职业，无论是工艺、政务、商业还是学术，归根结底都是关于如何做人。做人是所有事情的基础。只有做人成功，其他事务才能顺利进行；否则，只能短暂得意。这就是贾诩的卓越之处。

随后，曹丕登极，建立了魏朝，贾诩被封为太尉，他的爵位也被提升至寿乡侯，封地增加了三百户。

某日，曹丕心中反复思考一个问题，久无答案，于是询问贾诩："寡人有意征讨蜀汉和东吴，你认为应先攻哪一个？"贾诩以深谋远虑著称，他回答："战争之事，应确保胜算。目前朝中尚无能与刘备、孙权匹敌之人。"曹丕听后，内心有些怀疑，暗想：我大魏国力强盛，岂能畏惧这两个小国？因此，他决定领军攻打东吴。然而，最终遭遇惨败，这才使他信服贾诩的见解。

至于贾诩，他得以安享晚年。在黄初四年（223）六月，贾诩去世，享年77岁。

在东汉末年的动荡时代，生存已是不易，能够改变天下大势、影响历史进程的人物更是凤毛麟角。如果说诸葛亮在"隆中对"中策划了三分天下的格局，那么贾诩所为，哪一项不是左右历史方向的重大事件？而且最终他还能保全自身。

第八章

算无遗策　经达权变

贾诩——算无遗策的三国第一"毒士"

一、三国里最聪明的人

贾诩的一生,从智慧开始,以智慧结束。他的生平,有几个显著的特点。

他机智灵活,预见能力强。贾诩依靠自己的智慧,多次在危机中随机应变,转危为安。尤其在军事上,他的谋略表现得淋漓尽致。例如,当他刚抵达南阳时,曹操便来攻伐。张绣未听从贾诩的忠告,执意追击,结果遭到惨败。然而,在这时,贾诩却建议张绣重新整顿兵力再次追击,并预言必将大获全胜。果不其然,一切如他所料。张绣询问为何会有这样的转变,贾诩解释说:曹操机智过人,若在未发生大规模战斗前就撤退,必定是亲自断后。他的军队强大,我们难以匹敌。但在击败我们的主力后,曹操必然急于轻装快进,返回处理紧急事务。即使留下将领断后,也非你的对手,因此我们必胜无疑。

贾诩精于分析将领的性格和才能。在官渡之战期间,他向曹

第八章 算无遗策 经达权变

操提出的"四胜论"便是他具有这种能力的明证。他拥有很强的洞察力，仿佛能清晰地看透将领们。

此外，贾诩还擅长心理战，瓦解对手。在对抗韩遂和马超时，由于他生长在边疆，对凉州军队的战斗力及其将领的能力有着深刻的认识。因此，他建议曹操对韩遂和马超使用"离间计"，高效地解决了韩遂和马超的问题，稳定了关中地区。

贾诩深入研究军事策略，而并不专注于儒学。东汉时期，儒学思想虽然被推崇，但在边远地区并未占据主导地位。贾诩出生于西凉的武威，那里受仁义礼教道德规范的影响并不大。加之与游牧民族的频繁冲突和杂居生活以及严峻的生存挑战，使得贾诩不太关注那些有些抽象的道德规范。对于东汉政府所推崇的名誉观念，他更是持冷漠态度。

贾诩毕生深入钻研兵法与权谋。根据《隋书·经籍志》的记载，在历经魏晋南北朝四百年的动荡之后，直至唐朝初期，仍有贾诩抄写的《孙子兵法》一卷和其注解的《吴起兵法》一卷流传。从他对军事策略的精通来看，他对兵法权谋之学有着浓厚的兴趣和深厚的造诣。贾诩无疑是一位智慧非凡的人物。

贾诩是一个极具复杂性的历史人物。他的智谋得到了世人的

贾诩——算无遗策的三国第一"毒士"

公认,但他的许多行为也引发了后人的广泛讨论和争议。

首先,贾诩归顺曹操之前的经历引人瞩目。他出生于武威,与凉州人关系密切。贾诩拥有"良、平之奇"的才能,在凉州人中享有盛名,因此成为董卓极力招揽的目标。对于董卓的知遇之恩,贾诩似乎颇为感激。然而,问题不在于他投靠董卓,而在于他之后的行为。许多名士大臣,如蔡邕、黄琬、荀爽、杨彪等,虽然也顺应董卓,但后人并未对他们过于苛责,因为他们是被迫的。相比之下,贾诩却是真心投靠董卓。他因母亲去世而离职,本有机会远离那个充满危险的地方,但最终他还是选择回到军阀的控制之下。作为汉室官员,他本有机会通过保护汉献帝来清除自己的政治污点,但他选择了交出官印,转而投靠凉州的军阀段煨。

尤为引人非议的是,贾诩以替董卓报仇为名,煽动凉州的军阀们反攻长安。在那个时期,凉州军阀间的争斗持续了数月,造成数以万计的人死亡,给关中地区的民众带来了深重的灾难。无怪乎裴松之严厉指责他,认为他的一言一行导致国家遭受了灾难性的悲剧,百姓遭受了无休止的痛苦……贾诩的罪责,极其重大!历史上,引发动乱者,少有如他这般严重的。关于贾诩的这

第八章 算无遗策 经达权变

段历史,实在令人唏嘘不已,也使得对他的评价更加多元和复杂。

赤壁之战无疑是曹操生涯中的一个重大转折点。在曹操占领荆州之后,他满怀壮志,计划乘胜追击,彻底击溃孙权和刘备的联盟。然而,在这一时刻,贾诩提出了反对意见,但曹操并未采纳,最终遭受了惨重的失败。

贾诩的反对意见是合理且有根据的。他向曹操进言:"主公,您之前已经击败了袁绍,现在又取得了荆州,声威显赫,军队也更加强大。如果我们能够利用荆州的富庶,好好地奖赏士兵和官员,安抚民心,让他们能够安心生活,那么江东的势力或许就会不战而降,无需我们大动干戈。"

然而,贾诩的这一观点在历史上受到了一些质疑。例如,裴松之就认为,荆州的战略位置极为关键,孙权和刘备都对其虎视眈眈。荆州的民众敬仰刘备的英雄气概,同时忌惮孙权的军事才能,单靠温和的政策难以使他们归顺。曹操得到荆州后,实力大增,如虎添翼。他本可以利用刘表遗留下来的水军装备和荆楚之地擅长划船的人才,一鼓作气完成统一大业。当时有人提出:"若不趁此时机攻取东吴,更待何时?"从当时的局势来看,东征孙权和刘备似乎是不可避免的,既有出征的必要性,也具备出征的条件。赤壁之战的失利，并不能简单归咎于曹操决策错误，裴松之的分析确实颇有见地。

在曹操的谋士团队中，除了孔融和贾诩，似乎没有人对东征提出异议，这表明东征并非曹操独断。贾诩的反对意见听起来似乎不够有力，他对形势的评估也似乎未能把握大局。

贾诩是历史上备受争议的人物，尤其是关于他的政治声誉和个人行为。他一生以智谋见长，其策略和见解确实超越了常人。然而，他似乎将所有的智慧都用于保护自己的生命和政治地位。在政治的重大抉择上，他首先考虑的是个人利益，而将原则和道德置于次要位置。

例如，他对董卓的感情与对汉献帝的态度形成了鲜明对比，这反映了他对政治声誉的态度。面对危险时，他首先考虑的是如何保全自己，而忽视了他人的安危。

历史学家王鸣盛曾有一句深刻的见解：那些只图利益而忘记道义的智谋之人，是不可信赖的。他们以这种方式开始，也必将以这种方式结束。陈寿也评价贾诩以权谋应对世事，意指他一生都在运用"诡计"。孙权得知贾诩被提升为太尉后的反应是笑，这反映出贾诩在当时人们心中的地位。

第八章 算无遗策 经达权变

将贾诩与他同时代的荀彧、荀攸、程昱、郭嘉、刘晔、崔琰、毛玠等人比较，他们在名节和人品方面的差别立刻显现出来。陈寿评价贾诩"策略周全，善于变通，仅次于良、平"，在智谋方面确实无可挑剔。但如果从品行和名节的角度来看，他与张良、陈平确实难以相提并论。

总体而言，贾诩是一个颇具争议的历史人物。他的智慧和策略出众，被誉为"算无遗策"，在汉末的众多英雄中无人敢小觑。然而，他虽长于谋略却缺乏大局观，擅长自保却不太关心国家，使得他的才智往往被用在了权谋和诡计上。他精通权变，善于运用权术，一生荣华富贵，逝世后哀荣备至，其后代也繁衍昌盛，成为武威贾氏的显赫始祖。

虽然贾诩德行方面有欠缺，但是贾诩生活在汉末的动荡时期，他不得不依赖权谋来保全自己。他对名节的轻视和对谋略的重视，不仅因为他出身于深受胡风影响的凉州，还因为汉魏时期儒学衰微、名教松懈的社会背景下，"崇尚通达"、追求功名的社会思潮和风尚的变化。正如"孔雀虽有毒，不能掩文章"，是非自有公论。我们不应完全以现代的价值观来评价1000多年前的历史人物。

二、叛服无常还是择木而栖

贾诩的一个显著特征是他频繁地更换效忠对象。在董卓被消灭之后,李傕和郭汜制造了动乱,那时贾诩担任李傕的谋士。随着李傕的失败,贾诩又转而投奔了张绣,在官渡之战爆发前,他又劝说张绣向曹操投降。

《左传》记载了一个故事:孔文子计划攻打大叔,于是向孔子求教。孔子回答说:"关于礼乐之事,我曾学习过;至于战争之事,我未曾听闻。"随后,孔子离开并驾车出发,说道:"鸟儿选择树木,树木怎能选择鸟儿呢?"在这里,孔子清楚地表达了他对战争和杀戮不感兴趣的态度。既然没有人能够欣赏他,他只能选择另寻出路,即"择木"。孔子的立场是,在面对问题时,君子应该明白自己的智慧和才能在哪里能够得到最大的发挥,这就是"择木"。这个故事已经隐含了"良禽择木"的寓意,后来发展成为"良禽择木而栖,贤臣择主而事"的说法。

在《三国演义》这部经典文学作品中,"良禽择木"和"贤臣择主"的主题被反复提及。例如,在第三回"议温明董卓叱丁原,馈金珠李肃说吕布"中,有如下对话:"肃曰:'贤弟有擎天

第八章 算无遗策 经达权变

驾海之才，四海孰不钦敬？功名富贵，如探囊取物，何言无奈而在人之下乎？'布曰：'恨不逢其主耳。'肃笑曰：'良禽择木而栖，贤臣择主而事。见机不早，悔之晚矣。'"再如第十四回"曹孟德移驾幸许都，吕奉先乘夜袭徐郡"中，有类似的交流："宠曰：'……公何不弃暗投明，共成大业？'晃沉吟良久，乃喟然叹曰：'吾固知奉、暹非立业之人，奈从之久矣，不忍相舍。'宠曰：'岂不闻良禽择木而栖，贤臣择主而事？遇可事之主，而交臂失之，非大夫也。'"通过这些对话，我们可以确信，在那个时代，人们已经意识到，要成就一番事业，获得名声，找到一个能够赏识自己的"明主"是至关重要的，这个"明主"可以说是实现功业的重要条件。

《三国演义》如今被许多人视为研究人际关系和谋略的宝贵指南，原因何在？主要是因为书中展现了众多人才的流动与选择，展现了一个亘古不变的真理——"掌握人才便能掌握天下"。以第二十九回"小霸王怒斩于吉，碧眼儿坐领江东"为例，周瑜受命去招募鲁肃，一见面便详细传达了孙权对鲁肃的深厚敬意。鲁肃原本计划前往巢湖投奔刘子扬，然而，周瑜的一番言辞最终说服了他，改变了他的去向。

周瑜是如何说服鲁肃的呢？他引用了马援对光武帝的话："当今之世，非但君主选择臣子，臣子亦选择君主。"周瑜继续说道："我们的孙将军，他亲近贤才，礼遇士人，广纳英才，这样的人在世上是罕见的。你不必再有其他考虑，随我一同投奔东吴，绝不会有错！"鲁肃听后，认为周瑜的话颇有道理，便决定跟随他去见孙权。此后，鲁肃与孙权之间的君臣关系非常和谐，鲁肃在东吴充分发挥了自己的才能，为孙权稳固江东地区做出了巨大贡献。这一点表明，当时的社会风气允许君主和臣子之间相互选择。

在《三国演义》中，"良禽择木"的现象并不罕见。东汉末年，黄巾军起义爆发，朝廷下令各地自行组织力量对抗起义，这一举措打破了传统的门第观念和选拔人才的旧机制。曹操更是颁布了《求贤令》，公开宣称要"唯才是举、唯才是用"，为各类人才崭露头角提供了机会。魏、蜀、吴三个政权为了获得优势，争相招揽人才以扩张势力。在那个社会大动荡、大分裂的时代背景下，人才流动的环境相对宽松，君臣之间可以相互选择，英雄们不必担心没有地方展现自己的才华。

在这种环境下，人才的流动性大大增强，君臣相遇的条件也

第八章 算无遗策 经达权变

日益成熟。贤臣遇到明君，需要机遇，而机遇的产生首先需要"臣"有投靠的意愿，真心愿意效忠。以赵云和刘备的关系为例，赵云最初跟随袁绍，后来转投公孙瓒，最终选择了刘备。在归附刘备时，赵云表示："我历经波折，寻找值得效忠的主公，从未见过像您这样的。现在能为您效力，我死而无憾，即使牺牲也在所不惜！"刘备也一直赏识赵云的勇猛，君臣相遇后，赵云确实不负众望，在当阳长坂坡一战中突破重围，救出了刘禅，因而留下了"自古冲阵扶危主，只有常山赵子龙"的佳话。

自然，适时的推荐人也是不可或缺的。以马超和刘备的关系为例，二人相遇就是由李恢牵线搭桥的。马超的父亲马腾被曹操杀害后，他与韩遂等人联手进军潼关，与曹操在渭南交战，但最终失败。之后，马超率领部队联合少数民族占领陇右地区，击杀凉州刺史韦康，自封为征西将军、并州牧、督凉州军事。然而，他又被韦康的旧部杨阜等人击败，逃至张鲁处寻求庇护。最终，在李恢的一番劝说下，马超归降刘备并受到重用。

类似的例子不胜枚举，例如徐晃与曹操（由满宠推荐）、法正和孟达与刘备（由张松推荐）、庞统与刘备（由鲁肃推荐）等，这里就不一一细说了。君臣关系在中国传统的"五伦"中占有一席之地。在这种关系中，君主扮演着主导角色。"君选择臣，臣也选择君"，大家可能认为君主选择臣子是理所当然的，因为君主地位崇高，手握生杀予夺的大权。然而，臣子选择君主则较为罕见，这不仅要求君主有宽广的胸襟，还要求臣子具备足够的勇气。

《大学》中提到，君主应以仁爱为本，臣子应以尊敬为要。这句话概括了理想的君臣关系，即君主需仁爱，臣子需尊敬。历史上那些明智的君主与贤良的臣子之间的合作，常常是国家的大幸，能够推动政治局面达到新的高度。

《三国演义》中刘备三次拜访诸葛亮的故事，已成为流传千古的美谈。刘备之所以能够一次又一次地前去拜访，是因为他对贤才的尊重和渴求，怀有实现伟大事业、拯救天下的宏愿。而诸葛亮屡屡避而不见，实际上是在考验刘备是否真心惜才。如果他们中的任何一方缺乏足够的气度，愤然离去，中国的历史或许就会因此而改写。

在君臣关系中，双方理应相互协作、互惠互利。忠臣同样渴望能辅助一位明智的君主。然而，现实情况是，无论是在和平时期还是在动荡时代，一些贤良的臣子可能终其一生也未能找到与

第八章　算无遗策　经达权变

其理念相合的君主。他们虽然身处高位，却只能忧心忡忡地关注国家和君主，最终默默无闻地老去，这难道不是一种悲哀吗？或者，即使他们找到了与其理念相合的君主，也不一定能够始终保持理想的合作关系。例如乐毅与燕昭王、燕惠王父子以及宋仁宗与范仲淹，他们的关系从最初的相知到最后的疏远，其中的复杂情感，又有谁能完全理解呢？

附 录

贾诩年表

建和元年（147）出生，古凉州姑臧人。

少年，被举孝廉，任郎官，后因病辞官。

中平六年（189），43岁，董卓入京，贾诩被任命为平津都尉，后升讨虏校尉，大破关东联军。

初平三年（192），46岁，辅佐李傕、郭汜等围攻长安，后被任命为左冯翊（汉朝三辅之一）。

建安元年（196），50岁，李傕、郭汜事败后，转投张绣。

建安二年（197），51岁，助张绣击败曹操。

建安四年（199），53岁，劝谏张绣投降曹操。

建安五年（200），54岁，助曹操取得官渡之战的胜利，后被任命为太中大夫。

建安十六年（211），65岁，施离间计，助曹操击败马超、韩遂。

建安十八年（213），67岁，劝曹操晋位魏公。

建安二十二年（217），71岁，辅助曹丕成为太子。

黄初元年（220），74岁，曹丕即位，被拜为太尉，劝曹丕即帝位，后晋爵魏寿乡侯，增食邑三百，又分食邑二百。

黄初四年（223），77岁，去世，谥号肃侯。多年后配享魏文帝庙。

参考书目

1. 陈寿撰、裴松之注：《三国志》，中华书局1959年版。
2. 范晔撰、李贤等注：《后汉书》，中华书局1965年版。
3. 吕思勉：《吕著三国史话》，中华书局2006年版。
4. 张作耀：《曹操评传》，南京大学出版社2001年版。
5. 朱杰勤：《中国古代史学史》，河南人民出版社1980年版。
6. 易中天：《曹操》，山东文艺出版社2023年版。
7. 罗贯中：《三国演义》，解放军文艺出版社2000年版。

后 记

《贾诩：算无遗策的三国第一"毒士"》一书，是对三国时期这位独特谋士的一次深度挖掘与呈现。书中详细描绘了贾诩如何在乱世中凭借超凡的智谋、深厚的人性洞察力以及独特的处世哲学，不仅为各路军阀出谋划策，更在波谲云诡的政治斗争中保全自身，最终得以善终的传奇人生。这本书的主题，不仅仅是展现贾诩作为"毒士"的智谋与算计，更重要的是探讨他在乱世中自保的智慧与策略。

在创作过程中，让人深感贾诩这一历史人物的独特魅力。他不像其他英雄人物那样飞扬跋扈，也不似一些能臣那样锋芒毕露。他更像是一位隐藏在幕后的智者，用他那算无遗策的头脑，操控着局势的走向。本书试图通过细腻的笔触，还原贾诩在每一个关键时刻的决策过程以及他如何在复杂多变的政治环境中保持清醒和冷静。同时深刻体会到，贾诩的智慧不仅仅体现在他的智谋上，更体现在他对人性的深刻理解和对世事的透彻洞察上。

这本书的出版，将对关于三国历史的写作有一定的影响。首先，它为三国历史的研究提供了新的视角。在以往对三国历史的研究中，贾诩往往被边缘化或被简化为一个"毒士"的形象。而这本书则试图还原他的全貌，让读者看到一个更加立体、更加真实的贾诩。这不仅有助于我们更全面地了解三国时期的历史，也有助于我们更深入地理解那个时代的政治斗争和权力纠葛。

能够建立功业的英雄、能臣已经很难得了，像贾诩那样保持清醒的头脑、深邃的洞察力和独特的处世哲学的更少，贾诩的生平对后世有着更多的借鉴和启示意义。愿我们都能从这位三国第一"毒士"的身上汲取智慧，以更加从容的姿态面对生活和工作中的挑战，书写属于自己的精彩人生。

最后，希望这本书能够成为读者了解三国历史、感受贾诩魅力的一扇窗口。也期待在未来的历史研究中，能够有更多像贾诩这样的独特人物被挖掘和呈现，让我们更加全面地了解那个波澜

后 记

壮阔的时代。同时，也希望作者本人的创作能够为文学和文化的发展贡献一份力量，让更多的人感受到历史的魅力和智慧的力量。

作者

2024年12月